DIETRICH MATESCHITZ:
FLÜGEL FÜR MENSCHEN UND IDEEN

VOLKER VIECHTBAUER

DIETRICH MATESCHITZ: **FLÜGEL FÜR MENSCHEN UND IDEEN**

Mit Red Bull auf den Spuren von Viktor Frankl

BENEVENTO

FSC
www.fsc.org
MIX
Papier aus verantwortungsvollen Quellen
FSC® C014138

Die Pinguingeschichte auf den Seiten 134ff. wurde mit freundlicher Genehmigung von Dr. Eckart von Hirschhausen nacherzählt und zitiert aus: *Glück kommt selten allein*, Rowohlt Verlag, Reinbeck bei Hamburg 2009.

2. Auflage

Medieninhaber, Verleger und Herausgeber:
Red Bull Media House GmbH
Oberst-Lepperdinger-Straße 11–15
5071 Wals bei Salzburg, Österreich

Satz: MEDIA DESIGN: RIZNER.AT
Gesetzt aus der Palatino, Futura PT
Umschlaggestaltung: Büro Jorge Schmidt, München
Umschlagillustration: © Hoika Mikhail / shutterstock
Printed by Finidr, Tschechien
ISBN 978-3-7109-0177-5

Für meinen Onkel Herbert,
der mit uns die Freiheit in vielen Fahrten suchte

»Die sogenannte ›Welt von Red Bull‹ hat im Grunde genommen nicht mehr sehr viel mit dem klassischen Begriff von *Consumer Marketing* zu tun, sondern ist eher schon eine Art Philosophie oder Weltanschauung. Diese inkludiert ein gewisses Maß an Leistungsbereitschaft, ein vernünftiges Maß Risiko, die Freude, etwas zum Erfolg zu führen, ebenso wie die dazu erforderliche Ausbalanciertheit mit Sport, Vergnügen, Musik, Unterhaltung, sozialer Akzeptanz.
Red Bull hat einige Erfolgsfaktoren. Konsequenz, Motivation, Können und Hausverstand gehören zum Beispiel dazu. Oder die Freude an dem, was man tut. Die Dankbarkeit für Erfolge. Und vielleicht am wichtigsten: eine positive Grundeinstellung zum Leben, zu Arbeit und zu Leistung. Darüber hinaus halte ich es mit Viktor Frankl, der das Recht auf Eigenverantwortung als das ureigenste aller Menschenrechte bezeichnete.«

Dietrich Mateschitz

INHALT

VORWORT

Im Frühjahr 2020 hatte ich nach mehrmonatiger Arbeit eine erste Fassung dieses Buches Dietrich Mateschitz zu Durchsicht und Freigabe vorgelegt. Ich denke, ihm war das Projekt von Anfang an nicht ganz geheuer: Warum solle dieses Buch erscheinen, was sei der Zweck des Ganzen, fragte er mich, wenn wir das Thema im Gespräch kurz streiften.

Meine Antwort war, dass ich mit dem Buch die Philosophie von Red Bull erklären, eine Art Orientierungshilfe für neue Mitarbeiter geben wolle. Darüber hinaus gäbe es aber sicher auch ein breiteres Publikum, das Interesse zeigen würde.

Ob es also auch im Buchhandel erscheinen solle, fragte er mich. Ich entgegnete, dass er dies zu entscheiden habe. Aber es sei ja schon geschrieben, »veröffentliche es einfach«, meinte er. Ich bestand darauf, dass er es liest und freigibt.

Die nächste Reaktion erfolgte ein paar Wochen später. Er hatte angefangen das Manuskript zu lesen und war, so schien es mir, zufrieden. Es sei gut, das Manuskript, aber es hätten sich ein paar Fehler eingeschlichen, die müsse man korrigieren. Zum Beispiel stamme der im Zusammenhang mit vier Weltmeistertiteln in der Formel 1 getätigte Ausspruch »*Not bad for a beverage company*« nicht von Bernie Ecclestone, sondern von Lewis Hamilton.* Er dachte aber nicht nur an

* Der Fehler wurde in der Zwischenzeit natürlich korrigiert.

solche Ungenauigkeiten. Man müsse sich ein paar Wochen lang ein- oder zweimal die Woche zusammensetzen und alles durchgehen, meinte er.

Weitere Wochen vergingen, ehe ich nachfragte, ob er schon eine Meinung zum Buch habe. Dietrich Mateschitz meinte, er habe das Thema verdrängt, werde es jetzt aber angehen. Zwei oder drei Wochen später rief er mich zu sich nach Thalgauegg, an den Firmensitz seiner Privatgesellschaften, ein paar Kilometer von der Firmenzentrale in Fuschl am See entfernt. Er habe keine guten Nachrichten für mich. Das Buch könne nicht erscheinen. Sinngemäß meinte er, Red Bull sei nicht auf eine einzige Formel oder Quelle – in diesem Fall Viktor Frankl – zurückzuführen. Red Bull sei facettenreicher. Wenn man ihn, seine langjährige Assistentin Sonja Ernstbrunner oder CFO Walter Bachinger fragen würde, sie alle hätten eine andere Sicht auf Red Bull.

Da war sie wieder, die subjektive Vorstellung von Red Bull, die er keinem der Mitarbeiter oder Konsumenten nehmen wollte (ich komme darauf im Buch noch zu sprechen). Red Bull sollte eine Projektionsfläche für die Wünsche und Ambitionen derjenigen bleiben, die einen Bezug dazu hatten. Am Ende unseres Gesprächs nahm er das Manuskript, das er zur Gänze durchgelesen und zum Teil korrigiert hatte (darunter eben auch den Ecclestone-Fauxpas), und übereichte es mir mit den Worten: »Schmeiß es aber nicht weg. Leg es in den Safe. Vielleicht ist es so etwas wie ein Nachruf.« Damit war das Thema erst einmal erledigt.

Ich ergänze dieses Vorwort am 1. Januar 2021, weil ich in der Nacht zuvor einen Traum hatte. Dietrich Mateschitz und ich saßen mit anderen Leuten – vielleicht Mitarbeitern – an einem Tisch und erörterten ein Problem. Es ging offensichtlich auch um einen Vertrag. Ich hatte diesen aus juristischer Sicht auf Risiken und – vor allem – auf Beendigungsmöglichkeiten und Konsequenzen geprüft. Was er von mir, von uns allen am Tisch verlangte, war, über das Nicht-Offensichtliche, über Synergien, Möglichkeiten und Verknüpfungen nachzudenken. Denn »die Summe aller Teile ist mehr als das Ganze«.

Nachtrag: Wenig später erkrankte Dietrich Mateschitz schwer. Er redete nicht über seine Krankheit und arbeitete weiter. Erst kurz vor seinem Tod gab er seine Anweisungen und Wünsche bekannt. Am Samstag, den 22. Oktober 2022, rief mich seine Assistentin Tina abends an und bat mich, eine Nachricht an die Mitarbeiter über das Ableben von Mateschitz zu versenden. Er hatte diese noch selbst verfasst.

EINLEITUNG

> »Im Leben geht es nicht darum, sich zu finden,
> im Leben geht es darum, sich selbst zu erschaffen.«
>
> GEORGE BERNARD SHAW

Dietrich Mateschitz hat Ende der Achtzigerjahre Red Bull gegründet und den gleichnamigen Energy Drink als das erste funktionale Getränk außerhalb Asiens in Österreich eingeführt. Das innovative Marketingkonzept von Red Bull wird heute an Wirtschaftsuniversitäten inner- und außerhalb Europas unterrichtet. Energy Drinks stehen neben Coca-Cola und Pepsi ganz vorne in der Getränke-Weltrangliste und haben auch nach mehr als dreißig Jahren zweistellige Zuwachsraten, während traditionelle Erfrischungsgetränke stagnieren.

Red Bull ist jedoch nicht nur ein Getränk, sondern auch eine Lebenseinstellung. Die Marke steht für Erfolg, Dynamik, Innovation, Unabhängigkeit, Nonkonformismus, Spaß und Unberechenbarkeit. Im Gegensatz zur Marke wurde das Unternehmen Red Bull von Dietrich Mateschitz humanistisch geprägt und wertkonservativ geführt. Professionalität und Bescheidenheit bestimmen das Handeln. Und was aufs Erste nicht offensichtlich ist: Dieses Handeln ist von den Grundsätzen Viktor Frankls getragen.

Viktor Frankl war nach Sigmund Freud und Alfred Adler Begründer der dritten und letzten großen Wiener Schule der Psychotherapie, der Logotherapie und Existenzanalyse. Frankl war Humanist. Im Zentrum seiner Überlegungen standen der Mensch und seine ganz spezifische Aufgabe, seine Bestimmung: Jeder Mensch muss demnach diese Aufgabe in Freiheit und Selbstverantwortung für sich wählen, für sie einstehen, sie beharrlich verfolgen, wenn notwendig auch gegen Widerstände und im Vertrauen auf die Möglichkeit der Veränderung der Umstände zum Besseren.

Oberflächlich betrachtet, hat die Logotherapie mit Red Bull wenig gemeinsam. Zu gegensätzlich scheinen die Gedankenwelten, hier Sinnfindung und Existenzanalyse, dort Fun und Lifestyle. Und doch sind beide »Phänomene« von denselben Grundsätzen getragen und reichen über ihre primäre Intention hinaus. Sie sind Weltanschauung, und zwar eine Weltanschauung, die Freiheit, Selbstverantwortung und unbedingten Gestaltungswillen in den Mittelpunkt rückt.

Mateschitz hat die Vorlesungen Frankls persönlich besucht. Frankls gelebter Humanismus und die Suche nach dem Sinn stimmten mit der Lebenshaltung des Red-Bull-Gründers, -Gesellschafters und -Geschäftsführers Mateschitz überein und waren für ihn ein taugliches Gegenmodell zur immerwährenden Versuchung, dem Menschen (Selbst-)Verantwortung abzunehmen.

Viktor Frankl hat mit seiner Philosophie genauso wie Dietrich Mateschitz mit Red Bull von Österreich aus die Welt erobert. Auch wenn beide Persönlichkeiten übereinstimmende Grundsätze lebten, war Viktor Frankl vor allem Psychotherapeut und Dogmatiker, Dietrich Mateschitz hingegen Unternehmer und Pragmatiker. Ein Vergleich der Persönlichkeiten ist daher nicht sinnvoll und zielführend. Red Bull verdankt seinen Erfolg auch nicht den Lehren Frankls, sondern dem Gestaltungswillen und der Persönlichkeit von Dietrich Mateschitz. Andererseits lieferte Frankl das Wertekorsett, innerhalb dessen Red Bull ganz real Flügel verleiht, Tag für Tag, an Mitarbeiter, Athleten und Andersdenker jeder Art und Couleur. Viele, die dieses Denken teilen, lieben Red Bull genau dafür. Und wenn Indoktrinierte, welcher Ismen-Liste auch immer sie angehören, die Marke dafür kritisieren oder sogar anfeinden, bestärkt sie das, auf dem richtigen Weg zu sein.

Die Geißel unserer Zeit ist der Konformismus – wir tun, was alle tun. Dazu bedarf es nicht einmal mehr totalitärer Systeme, die Indoktrination erfolgt heute subtiler über soziale Medien, in deren Filterblasen und Echokammern. Der Wahrheitsgehalt einer Information ist dabei kein Kriterium, und ganz nebenbei werden die Errungenschaften der Aufklärung wieder abgeschafft. Die Erde ist eine Scheibe, der Mensch war nie auf dem Mond, und Impfstoffe übertragen Aids – das Angebot an alternativen Fakten ist mittlerweile grenzenlos.* Das Gefährliche an dieser Entwicklung ist, dass eine Diskussion, die humanistisch zu führen wäre, politisch geführt wird, und das, obwohl Gefahren aus allen Richtungen drohen. Vom rechtsliberalen Flügel droht oder lockt – je nach Sichtweise – der sogenannte Raubtierkapitalismus, die

---

* Die Netzwerke (Google, Facebook etc.) reagieren nur zögerlich auf diesbezügliche Kritik. Als Technologieunternehmen, die nur Plattformen zur Verfügung stellen, sei man nicht für die Inhalte, die die User posten, verantwortlich. Zur ausführlicheren Lektüre sei hier *Die Facebook-Gefahr: Wie Mark Zuckerbergs Schöpfung die Demokratie bedroht* empfohlen. Der Autor Roger McNamee war einer der ersten Facebook-Investoren und Unterstützer von Mark Zuckerberg, gehört aber heute zu den schärfsten Kritikern. Dietrich Mateschitz, der diesen Entwicklungen und den sozialen Medien ebenfalls kritisch gegenüberstand, hat mit *Quo Vadis Veritas* und *Addendum* sowie dem *Pragmaticus* Projekte ins Leben gerufen, die sich um wahrheitsgemäße Berichterstattung bemühen.

Jagd nach Erfolg, kurzfristigem Gewinn und einzelnen kurzen, wahllos aneinandergereihten Glücksmomenten des Konsums, die dem Akteur nur noch die Wahl zwischen Hedonismus und Nihilismus lassen. Von links wird bezweifelt, ob wir fähig sind oder es uns überhaupt erlaubt sein sollte, Verantwortung zu übernehmen. Man will uns vor uns selbst schützen, mit Regeln und Vorschriften, die zunehmend kafkaesk anmuten und in den geschützten Werkstätten gewerkschaftlicher Wunschbilder ersonnen werden. Der Aufpasser Staat will uns beschützen, auch und vor allem vor uns selbst, und unser Schicksal sanft, aber bestimmt von der Wiege zur Bahre regeln und begleiten. Aus der sogenannten Mitte droht die gesellschaftliche Konvention, der Kompromiss und das politisch Korrekte.

Die allgemeine Sinnkrise verläuft somit existenziell »humanitär« zwischen Fremd- oder Selbstbestimmung. Verführt, bemuttert, normiert und berechnet ist es heute wie gestern keine Selbstverständlichkeit, gegen den Strom zu schwimmen, seine spezifische Aufgabe im Leben zu finden – und dabei anständig zu bleiben. Nicht mehr und nicht weniger.

Die Erlebnisse in vier Konzentrationslagern, darunter Auschwitz und Theresienstadt, haben Frankl gelehrt, dass es nur zwei Arten von Menschen gibt: die Anständigen und die Nichtanständigen. Gelebter Humanismus ist es, danach zu trachten, den Mut zu geistiger Selbstständigkeit und Entfaltung von Talenten zu haben und am Ende des Lebens zu wissen, *wozu* man gelebt hat. Das *Wieso* entzieht sich ohnehin unserer Vorstellungskraft. Sowohl Frankls Erkenntnisse als auch Red Bull ermutigen den Menschen, genau das zu tun – entgegen allen gesellschaftlichen Konventionen.

Der Leser mag sich von dieser Ermutigung inspirieren lassen, für seinen beruflichen genauso wie für seinen privaten Weg. Frankls Lehren verdienen es, Wegweiser sowohl in der Arbeitswelt als auch in der Familie und Gesellschaft zu sein. Darüber hinaus gewinnt der Leser mit der Lektüre dieses Buches nicht nur Einblick in die Geschichte und Kultur des Unternehmens Red Bull. Vielmehr erlebt er, wie sich Unternehmensgeschichte, Philosophie und das beherzte Denken und Handeln einzelner Persönlichkeiten zu einer einzigartigen, ja beflügelnden Einheit verschränken. Denn Viktor Frankl darf nicht nur als Begründer einer Denkrichtung gelten, die die Sinnkomponente als die entscheidende Motivation menschlichen Handelns etabliert und damit Dietrich Mateschitz beziehungsweise Red Bull auf entscheidende Weise beeinflusste. Genauso wichtig und vielleicht maßgeblich für kommende Generationen ist, dass er damit den Grundstein für eine an Sinn, Talent und Stärken orientierte Ökonomie und Managementphilosophie legte. In der Volkswirtschaftslehre baut die Wiener Schule um Carl Menger, Ludwig von Mises und Friedrich August von Hayek ebenso auf diese Gedanken auf wie die Managementlehre Peter Druckers. Die Betonung der Bedeutung des einzelnen Menschen und seines Beitrags zur evolutorischen Schöpfung ist von Wien ausgegangen und stellt sich gegen den herrschenden Reduktionismus der Neoklassischen Theorie einer Chicagoer Schule ebenso wie gegen den Keynesianismus um John Maynard Keynes in den Wirtschaftswissenschaften und der prozessorientierten und entmenschlichten Betriebsführung eines Frederick Winslow Taylor.

Wenn man so will, findet hier ein philosophisches Kräfteringen statt, dessen bedeutendster Vertreter Viktor Frankl war. Gerungen wird um nichts weniger als eine humane versus eine entmenschlichte Weltanschauung: Humanismus gegen Konformismus und Nihilismus, Individualismus gegen Automation und Prozessorientierung, Selbstvergessenheit gegen Selbstverwirklichung, unternehmerischer Spürsinn gegen mathematische Gleichgewichtsmodelle und letztlich das Postulat eines freien Willens gegen einen totalitären und existenzialistischen Determinismus. Die Position von Viktor Frankl lautete: »Das Entscheidende ist immer der Mensch. Was aber ist der Mensch? Das Wesen, das immer entscheidet. Und was entscheidet es? Was es im nächsten Augenblick sein wird.«

I

DAS **WERTEKORSETT** VIKTOR FRANKLS UND DIE **UNTERNEHMENSKULTUR** VON RED BULL

» Der ziellose Mensch erleidet sein Schicksal, der zielbewusste gestaltet es. «

IMMANUEL KANT

Viktor Frankl war Humanist. Humanismus ist eine Weltanschauung, sie respektiert die Würde des Menschen, seine Persönlichkeit und sein Leben, sie übt Toleranz und tritt für Gewissens- und Gewaltfreiheit ein. Eine humanistische Ethik bejaht das Leben, die Wahlfreiheit und die Entwicklungsmöglichkeiten. Ideen müssen er- und durchdacht werden, bedürfen aber der Entfesselung der menschlichen Kräfte, um nicht Hirngespinste zu bleiben. Die wahren Abenteuer finden eben nicht nur im Kopf statt, sondern müssen, sollen sie Bestand und Bedeutung haben, ins wirkliche Leben treten, sich manifestieren. Sonst bleiben wir, wie Arthur Schopenhauer es so trefflich ausdrückte, lediglich »Theaterdirektoren unserer Träume, [und nicht] unseres eigenen Schicksals«. Und umgekehrt müssen unsere Gedanken gewissenhaft geprüft werden, bevor wir handeln. Während wir im Handeln meist den inneren Schweinehund zu überwinden haben, gilt es, im Denken dem »Sinn-Organ« Gewissen die »Trotzmacht des Geistes« zur Seite zu stellen. Visionär zu sein allein genügt nicht. Jede Vision bedarf eines zweifachen Korrektivs, nämlich ihre Machbarkeit in der realen Welt unter Wahrung des Grundsatzes der Anständigkeit. Ohne diesen Prüfstand können Visionen auch direkt ins Verderben führen. Frankl erinnerte uns daran, dass wir »seit Auschwitz wissen …, wessen der Mensch fähig ist. Und seit Hiroshima …, was auf dem Spiel steht«.

Für den Humanisten ist der Mensch und das, was er der Welt hinterlässt, seine guten Werke, zwar Ausgangspunkt, aber nicht das Maß aller Dinge. Wie Hugo von Hofmannsthals *Jedermann* muss der Mensch, seine Endlichkeit vor Augen, sein Bestes geben, Gutes tun und sich einer Sache widmen, die größer ist als er selbst. Er muss über sich hinauswachsen. »Die Krise des Humanismus beginnt dort, wo der Mensch im Vordergrund der Betrachtung, im Mittelpunkt der Bewertung steht – zum Maßstab aller Wertung wird«, schrieb Viktor Frankl in *Der leidende Mensch.**

Die äußeren Feinde des Humanismus sind Totalitarismus und Konformismus. Weder behördlicher Zwang oder Willkür noch gesellschaftliche Erwartungshaltung dürfen uns daran hindern, das Richtige zu tun. Bei Frankl gebietet es unser Gewissen, trotz äußerer Abhängigkeit unsere innere Freiheit zu bewahren. Nur ein Mensch, »der über sich selbst hinauswächst, reift zu sich selbst heran«. Die inneren Feinde sind Nihilismus und Existenzialismus. Sie verneinen einen Sinn des Lebens; der Nihilist übt sich in Verantwortungslosigkeit gegenüber sich selbst und der Gesellschaft, der Existenzialist setzt einer sinnentleerten und damit absurden Welt das Sinnbild des Sisyphos entgegen, der zwar immer wieder den Stein der Mühsal wälzt, dessen Dasein letztlich aber ohne Ziel bleibt. Frankl hielt mit dem »Willen zum Sinn« dagegen, der Wertigkeit und Bedeutung des eigenen freien Handelns und des eigenen Beitrags zum Ganzen. »Nimm dir ein Ziel vor, gehe darauf zu, erreiche es und du wirst ein anderer Mensch.

---

* Viktor Frankl wird zitiert nach den gängigen Werkausgaben, Vorträgen sowie nach diversen Websites (siehe auch Weiterführende Literatur von Viktor Frankl im Anhang). Hervorzuheben ist hier das 2019 erschienene Buch *Berg und Sinn. Im Nachstieg von Viktor Frankl* von Michael Holzer und Klaus Haselböck.

Jemand, der eine Herausforderung annimmt, geht seinen Lebensweg anders als einer, der ziellos vor sich hinlebt«, schrieb er.

Frankl beschäftigte sich in seinen Büchern mit den zentralen Fragen der Würde, des Sinnes und der Verantwortung. Im Folgenden werden die wesentlichen Grundgedanken hierzu skizziert. Gleichzeitig tauchen wir tiefer in die Welt von Red Bull ein und zeigen, wie Dietrich Mateschitz' Handeln von ihnen beeinflusst wurde und Red Bull bis heute beeinflusst wird. Frankls Wege zum Sinn lassen sich in drei Gedanken zusammenfassen, die auch bei Red Bull eine zentrale Rolle spielen: Freiheit und Selbstverantwortung, der Aufgabencharakter des Lebens und Zuversicht und Wertschätzung, ergänzt um die Methode der paradoxen Intention. Die Werte Viktor Frankls bilden sozusagen den geistigen Rahmen dieser Erzählung und erleichtern das Verständnis für die Zusammenhänge beider Welten, einer aufgabenorientierten Unternehmenskultur und den Grundsätzen einer humanistischen Weltanschauung.

1 FREIHEIT UND SELBSTVERANTWORTUNG

» Es ist keine Schande, sein Ziel nicht zu erreichen, aber es ist eine Schande, kein Ziel zu haben! «

VIKTOR FRANKL

Achtung und Würde des Menschen sind bei Frankl unabdingbar. Zu dieser Achtung und Würde gehört die Überzeugung, dass nichts den Menschen in sein Schicksal zwingen kann, weder die Gene noch der Charakter, noch die Umstände. »Statt daran zu verzweifeln, dass die konkreten Lebensumstände bestehende Vorstellungen nicht erfüllen«, empfahl Frankl in *Ärztliche Seelsorge,* »auf diese Lebensumstände einzugehen«. Im Grunde vollzog er damit eine »kopernikanische Wendung« bei der Frage nach dem Sinn des Lebens. Der Mensch hat das Recht und die Pflicht, frei und in eigener Verantwortung in jeder Situation seines Lebens zu entscheiden. Mit seinem freien Willen kann der Mensch Zuversicht in sein und das Leben anderer Menschen bringen.

Die Geschichte mit dem Marmorstein, die Frankl in seinen Lebenserinnerungen *Was nicht in meinen Büchern steht* erzählte, macht deutlich, was genau er mit eigenverantwortlichen Gewissensentscheidungen meinte: Wie seine Geschwister bemühte sich auch Viktor Frankl Anfang der Vierzigerjahre um ein Ausreisevisum. Seiner Schwester Stella war bereits mit ihrem Mann Walter Bondy die Ausreise nach Australien gelungen, sein Bruder Walter fand mit seiner Frau Else vorerst in Italien vermeintlichen Schutz. Viktor Frankl arbeitete zu dieser Zeit am Rothschild-Spital, er und seine Eltern hatten deswegen Deportationsschutz vor dem Konzentrationslager. Im Herbst 1941 wurde Viktor Frankl, nicht aber seinen Eltern, das Ausreisevisum nach Amerika erteilt. Es war auf drei Wochen befristet. Das Visum stürzte ihn in einen schweren Gewissenskonflikt. Sollte er ausreisen und seine Studien und Lehren an einer amerikanischen Universität fortsetzen oder in Wien bleiben? Eine Ausreise bedeutete die sichere Deportation seiner Eltern ins Konzentrationslager, sein Bleiben eine ungewisse Zukunft für ihn und seine Familie in Österreich. Als er wieder einmal darüber nachgedacht hatte, wie er sich entscheiden sollte – dieses Mal im Stephansdom bei Orgelmusik, obwohl es für Juden damals verboten war, die Kirche zu betreten –, und dann nach Hause in die Czerningasse 6 in der Leopoldstadt kam, sah er auf dem Tisch einen Marmorstein liegen. Sein Vater hatte ihn während eines Spaziergangs bei der zerstörten Synagoge gleich um die Ecke in der Tempelgasse gefunden. Der Stein war ein Stück von den Gesetzestafeln der Zehn Gebote aus der Synagoge. »Darauf eingemeißelt war ein hebräischer Buchstabe. Mein Vater sagte: ›Wenn es dich interessiert, kann ich dir sagen, zu welchem der Zehn Gebote dieses Stück gehört. Denn dieser Buchstabe kann nur das Initial für ein einziges Gebot sein: Ehre deinen Vater und deine Mutter, auf dass du lange lebest im Land.‹ Und in diesem Augenblick wusste ich: Das war die Antwort. Ich ließ das Visum verfallen.«

Die Entscheidung war, wie vorausgesehen, folgenschwer für Frankl. Seine junge Frau Tilly, die er kurz zuvor kennengelernt hatte, musste ihr gemeinsames Kind abtreiben, weil Schwangerschaften unter Juden mit Deportation geahndet wurden. Auch das geliebte Klettern war dem jungen Frankl nur noch selten und wenn, dann nur unter Lebensgefahr möglich. Sich ohne Judenstern auf den Weg in den Wienerwald zur Mizzi-Langer-Wand zu machen, konnte im Falle einer Kontrolle die sofortige Deportation bedeuten. Wenig später wurde das Rothschild-Spital enteignet und in ein Lazarett für die SS umgewidmet. Frankl verlor seinen Deportationsschutz und wurde im September 1942 zusammen mit seiner Frau, deren Mutter, seinem Vater und seiner Mutter ins Konzentrationslager Theresienstadt deportiert. Seine ganze Familie, mit Ausnahme seiner in Australien lebenden Schwester, kam in den folgenden Jahren in Konzentrationslagern ums Leben.

Viktor Frankl überlebte nicht nur, weil er Glück hatte. In Auschwitz, wohin er im Oktober 1944 verlegt worden war, stand er bereits in der Gruppe, die für den Tod in der Gaskammer vorgesehen war, als er in einem scheinbar unbeobachteten Moment zur anderen Gruppe, der jüngeren und kräftigeren, hinüberhuschte. Der SS-Wachmann hatte es nicht bemerkt oder bewusst weggeschaut. Frankl wusste bereits aus Theresienstadt, dass Anständigkeit und politische Gesinnung einander nicht immer bedingten.

Frankl überlebte auch, weil er überleben wollte, um nach diesem – wie er es nannte – »Schlüsselexperiment« seinen Vortrag über Logotherapie und Existenzanalyse an der Volkshochschule zu halten und um seine geliebten Berge wiederzusehen. Unzählige Male visualisierte er im Lager die Kletterpartien auf der Rax, Schritt für Schritt und Griff für Griff. So wurde das »Bergsteigen, die Erinnerung, wie sich der Fels anfühlt, […] einer der Beweggründe, die Schrecken des KZs zu überstehen«. Nach der Befreiung aus dem KZ Türkheim im April 1945 begann sein neues Leben, in das er »Schritt für Schritt – nicht anders« eintrat und in dem er erkennen sollte, dass »Sinn im Leben nicht nur ›lebenswichtig‹ ist, sondern in dieser extremen Situation sogar ›über-lebenswichtig‹ war«.

Das Leben stellt jeden von uns vor Entscheidungen, die selbstverantwortlich zu treffen sind. Wir dürfen hoffen, dass die Umstände und Folgen dieser Entscheidungen nicht ähnlich dramatisch sind wie bei Viktor Frankl. Doch die Begebenheit mit dem Marmorstein macht deutlich, dass wir aufgerufen sind, auch unter widrigsten Umständen nicht Opfer der Verhältnisse, sondern Gestalter unseres Schicksals zu sein. Wir tragen die Verantwortung für jeden Augenblick in unserem Leben durch unsere Entscheidungen – Möglichkeiten, die, wenn sie nicht verwirklicht werden, »verwirkt« sind. Für Viktor Frankl war das Leben ein Roman, er wird in jedem Moment des Lebens geschrieben. Und was einmal in das Buch des Lebens geschrieben ist, kann nicht mehr gelöscht werden und bleibt bestehen – »für alle Ewigkeit«. Gleichzeitig wird durch diese Entscheidungen – sie mögen groß oder klein sein – die eigene Zukunft, die der Mitmenschen und der Dinge um uns herum beeinflusst. »Was ich durch sie verwirkliche, was ich durch sie ›in die Welt schaffe‹, das rette ich in die Wirklichkeit hinein und bewahre es so vor der Vergänglichkeit«, schrieb Frankl in *Ärztliche Seelsorge*.

Der Mensch verantwortet, wie er entscheidet, und sein Verhalten wird nicht von den Umständen erzwungen. Frankl lehnte den Determinismus, der uns glauben machen will, dass die Umstände oder der Charakter, die Herkunft, die Gene oder der Zwang einer Situation menschliches Verhalten diktieren, ab und plädierte für die Freiheit des Menschen, zu entscheiden und somit sein Schicksal selbst in die Hand zu nehmen. Freiheit und Verantwortung bedingen einander gegenseitig, »das menschliche Dasein [ist] Verantwortlichsein, weil es Freisein ist«. Weiter heißt es: »Freiheit hat man nicht – wie irgendetwas, was man verlieren kann –, sondern die Freiheit ›bin ich‹.« In diesem Sinne regte Frankl in seinen Vorträgen immer wieder an, »daß zur Freiheitsstatue an der Ostküste das Pendant errichtet werde, nämlich eine Statue der Verantwortlichkeit an der Westküste«.

Wie in den Anfangsjahren von Red Bull der Grundstein für ein modernes Unternehmen gelegt wurde

> » Entweder machen wir uns das Leben schwer und legen uns einen Haufen Steine in den Weg, oder wir leben bewusst und räumen die Steine auf dem Weg zu unserem Ziel aus dem Weg. Der Arbeitsaufwand ist der gleiche. «
>
> CARLOS CASTANEDA

Auch die Gründungsjahre von Red Bull waren geprägt von freien, selbstverantwortlichen Entscheidungen, und das vor allem von einer Person. Dietrich Mateschitz war gleichsam Red Bull und umgekehrt. Red Bull war seine Erfindung und spiegelte seine Denk- und Lebensweise wider. Der Erfolg gab Mateschitz die Freiheit, »Menschen Flügel zu verleihen«, sodass sie ihre eigenen Ideen wahr werden lassen können.

Mateschitz wuchs im steirischen Mürztal auf. Er wurde von seiner Mutter, einer Volksschullehrerin in St. Marein, wertkonservativ erzogen. Gute Erziehung im Sinne von

Bescheidenheit, Geradlinigkeit und gutem Benehmen waren ihm immer sehr wichtig. Nach der Matura im Internat in Graz ging er nach Wien, um an der Hochschule für Welthandel zu studieren. »Zwei, drei Jahre länger, als ich vielleicht hätte müssen«, sagte er von sich selbst. Hier besuchte er auch Vorlesungen Viktor Frankls, und zwar mit mehr Engagement als so manch andere Vorlesung seines Fachstudiums.

Nach dem Studium, das er mit dem Titel eines Diplomkaufmanns 1972 abschloss, überlegte er ernsthaft, nach Kalifornien auszuwandern und sich der Gruppe um den Schriftsteller Carlos Castaneda anzuschließen, entschloss sich dann jedoch, das Marketing-Handwerk bei Unilever zu lernen. Nach einer kurzen Erfahrung im Sales-Bereich von Jacobs Kaffee in Österreich wechselte er zu Blendax, wo er bis zur Gründung von Red Bull als globaler Marketingdirektor tätig war.

Die Lehren Viktor Frankls und der literarischen Figur Castanedas, Don Juan Matus, neben einer Bilderbuchkarriere in *Fast Moving Consumer Goods* (kurz FMCG) – zwei Paralleluniversen, die dann eben doch irgendwann nicht mehr zusammenpassten. Nach zehn Jahren Weltenbummelei für die Lever Brothers, bei der sich Mateschitz seine Routen immer so legte, dass er noch genügend Freiraum hatte, um seine Leidenschaften abseits des Business zu leben, kam dann der Bruch. »Zu konventionell das alles. Menschen in Uniform, Anzug, Krawatte, und in der Hand haben alle dieselbe Zeitung. Ich hab mir gesagt: ›So als richtiger Steirer passt du da nicht hinein.‹ Dazu ein Budget, mit dem ›man halt a bissl a Werbung machen kann‹«, berichtete er 2008 in einem Interview mit der *Zeit.*[*] Die Geschichten aus der Business Class leid, flüchtete Mateschitz aus der Welt der grauen Anzüge und gründete Red Bull.

Der Firmenname lehnte sich an den thailändischen Energy Drink an, den Mateschitz erstmals 1980 auf einer Geschäftsreise nach Thailand konsumiert. Sein Freund und Geschäftspartner Chalerm Yoovidhva erinnerte sich: »Dietrich kam 1980 als zweiter Partner und Marketingdirektor von Blendax ins Spiel. TC Pharmaceuticals und Blendax waren bereits Geschäftspartner. Dietrich ist nach Bangkok gekommen, um sich mit mir zu treffen. Er war gejetlagt nach dem langen Flug von Europa, weshalb ich ihm ein Glas Krating Daeng anbot. Es wirkte. Der Jetlag war überwunden, und Dietrich

---

* Marco Lauer: »Der Illusionskünstler«, *Die Zeit* vom 10. April 2008, S. 38. Dietrich Mateschitz, das sei an dieser Stelle angemerkt, gab nur sporadisch und zu ausgewählten Themen Interviews. Auftritte im Fernsehen lehnte er ab. Und im Radio war Mateschitz nur einmal kurz zu hören, nämlich als Red Bull zum ersten Mal Formel-1-Weltmeister wurde. Nicht ernsthaft merkte Mateschitz an, dass es das nächste Interview dann geben werde, wenn Red Bull Salzburg die Champions League gewänne. In den wenigen öffentlichen Auftritten sprach Mateschitz nicht über sich, sondern gab Hintergrundinformationen zum Unternehmen und seinen Projekten (dazu gehörte auch, dass er niemals, weder in den Medien noch in anderen Gesprächen, in der ersten Person sprach, sondern immer nur im Plural). Das entspricht dem Grundsatz, dass Red Bull nicht mit den Medien spricht, sondern über die Medien kommuniziert, also Red-Bull-Inhalte nach Möglichkeit Editorial verbreitet werden. Tina Deutner, die als Assistentin von Dietrich Mateschitz auch die *Corporate Communication* des Hauses koordinierte, beantwortete Interviewanfragen mit Red-Bull-Mitarbeitern üblicherweise so: »Bedauerlicherweise ist ein solches Interview nicht möglich. Wie Sie als langjähriger Beobachter unseres Hauses wissen, bemühen wir uns sehr darum, die Ergebnisse unserer Arbeit für sich sprechen zu lassen und somit in den Vordergrund zu stellen – die Personen, die im Hintergrund an unseren Projekten arbeiten, bleiben lieber im Hintergrund.« Dass sie sich damit nicht zum Sympathieträger der Medien machte, ist verständlich – war aber erwünscht. Dietrich Mateschitz legte stets Wert darauf, dass sie im alljährlichen Ranking der besten Presse- und Unternehmenssprecher Österreichs den letzten Platz belegte.

wieder regeneriert – und beeindruckt.« *Krating Daeng*, übersetzt der Rote Stier, würde das Leben der beiden Männer grundlegend verändern.

Red Bull war so etwas wie ein Ort der Sehnsucht für Mateschitz. Dort sollten die beiden Parallelwelten verschmelzen. Diese Träume waren ambitioniert und durchaus konträr: Die Projektionsfläche Red Bull war von Anfang an klar umrissen und sollte nicht nur den üblichen Marketingmix, den Mateschitz im Schlaf beherrschte, sondern auch die Beschränkungen des zivilisierten Durchschnittsmenschen hinter sich lassen, einschließlich der vorgezeichneten Karrieresprünge mit ihren üblichen Attributen und Statussymbolen. *Beyond the Ordinary*, jenseits des Gewöhnlichen, wurde zur Red-Bull-DNA – facettenreich, vielfältig und den Prinzipien eines Lebens in Freiheit und Verantwortung treu. Diese Welt sollte ein einfaches, kontemplatives Einsiedlerleben – das Mateschitz gelegentlich am Strand in Thailand in der Hütte seines Freundes Chalerm führte und in dem beide schon von Anfang an von einem eigenen Formel-1-Team träumten – genauso umspannen wie Extremerfahrungen beim Ski-, Auto- oder Motorradfahren oder die völlige Hingabe an die *eine* Sache. In seinem Fall war das ab sofort die Welt von Red Bull. Als Dietrich Mateschitz Jahre später in einem Londoner Taxi auf der Fahrt zum *Shareholder Meeting* sein Produkt in der Hand hielt, sagte er denn auch: »Schon witzig, alles, was wir tun, verdanken wir dieser Dose.« Und zum Taxifahrer gewandt: »Wissen Sie, diese Dose ist ein Jahrhundertereignis.«*

* Es war die Taxifahrt, im Zuge derer er, nach langen internen Diskussionen und gegen den Rat seiner Marketingabteilung, auch entschied, Red Bull Sugarfree einzuführen – er selbst hatte damals schon jahrelang eine Spezialabfüllung zuckerfrei, gekennzeichnet mit einem farbigen Punkt unten auf der Dose, konsumiert.

Das hinter »dieser Dose« stehende *Business Model*: die Positionierung des Getränkes als Luxus- und Zielgruppengetränk, das Ersinnen einer ganz neuen Kommunikationspolitik und der Aufbau einer globalen Marke mit einem revolutionären *Content-Marketing*-Konzept. Alles in allem die Umsetzung einer großen Marketingidee *with clear mind and open eyes*, mit klarem Verstand und offenen Augen.

In einer Zeit, in der man noch von Firmengründungen und Startkapital sprach, war die Verwirklichung dieses Traumes keine Selbstverständlichkeit. Fernab von der *Start-up-* und *Venture-Capital*-Kultur des 21. Jahrhunderts hieß es für Mateschitz mit seinen damals vierzig Jahren, ein großes Risiko auf sich zu nehmen. Er folgte dem Weg seines Herzens. Die ersten drei Jahre war das jedoch ein steiniger Weg. Mateschitz kratzte alle seine Ersparnisse zusammen und gründete Red Bull in Wiesbaden. Drei Jahre lang versuchte er, in Deutschland einen Energy Drink genehmigt zu bekommen, die Gesundheitsbehörde verwehrte ihm das jedoch mit der typisch deutschen Sturheit und Beharrlichkeit. Und das, obwohl man in Japan seit Jahrzehnten Energy Drinks als diätetisches Lebensmittel, als sogenannte *Over-the-Counter* (kurz OTC)-Getränke millionenfach verkaufte und dort somit eine »epidemiologische Studie gigantischen Ausmaßes« (Dietrich Mateschitz) vonstattenging. Taisho, das Unternehmen, das den dortigen Marktführer Lipovitan herstellte, gehörte zu den größten Steuerzahlern in Japan, ein Umstand, der Mateschitz – neben der belebenden Wirkung dieser Getränke auf Langstreckenflügen – erst auf die Idee gebracht hatte, Energy Drinks auch in Europa zu lancieren. Doch vorerst wollten die Behörden nichts davon wissen.

Diese drei Jahre waren eine Art Purgatorium, und mehrfach sah Mateschitz sich damals »unter der Brücke schlafen«.

Sie prägten ihn auf seinem weiteren Lebensweg, und von da an lautete seine Devise: Scheue keine Auseinandersetzung, um die es sich zu kämpfen lohnt, und gib niemals auf!

Eine letzte Finanzspritze der thailändischen Partner und ein Ausweichen nach Österreich brachten die Erlösung. 1987 genehmigte das österreichische Gesundheitsministerium Red Bull mit seinen aktiven Zutaten *(Active Ingredients)* Taurin, Glucuronolactone und Koffein als diätetisches Lebensmittel durch »Nichtuntersagung«. Eine Abteilung des Gesundheitsministeriums hatte zuvor die Zulassung mit der Begründung, Red Bull enthalte hochwirksame Inhaltsstoffe und sei deshalb als Arzneimittel einzustufen, untersagt, eine andere Abteilung hatte andererseits nur keinen Bedarf für ein hoch koffeinhaltiges Zuckerwasser gesehen. Beide Stellungnahmen lagen Mateschitz vor, als er das Ministerium aufforderte, sich zu entscheiden: Zuckerwasser oder Arzneimittel? Nachdem man sich im Ministerium nicht einigen konnte, ob Red Bull nutzloses, »teures« Zuckerwasser oder ein hochpotentes Arzneimittel sei, entschied man sich für einen typisch österreichischen Weg: Man beantwortete den Antrag auf Zulassung einfach nicht, und die Rechtslage sah vor, dass Mateschitz nach drei Monaten Nichtuntersagung des Antrages loslegen konnte. Die regulatorischen Hindernisse waren somit dank des pragmatischen Umganges der österreichischen Behörden mit dem neuen Getränk überwunden, und der Startschuss war gefallen: Die Vermarktung des Getränks konnte nach drei Jahren erzwungener Schreibtischrecherche *(Desktop Research)* beginnen.

Damals, 1987, gab es nicht viele, die auf einen Erfolg von Red Bull gewettet hätten. Auf hundert Quadratmetern wurde das Hauptquartier in Dietrich Mateschitz' Salzburger Wohnung bezogen, gelegen in jener Straße, die von Salzburgs

Zentrum gegen Süden in die Alpen führt. Er selbst zog auf eine Anhöhe über dem Fuschlsee in einen Bauernhof. Zusammen mit seiner Assistentin Brigitte Aigner, Otto Mattes als Verkaufsleiter und Robert Hohensinn für die Nachtgastronomie machte man sich daran, dort einen Markt zu etablieren, wo es noch keinen gab. »Wir werden diesen Markt erst schaffen«, hieß es selbstbewusst in der ersten *Konsum*-Handelsanzeige. Mateschitz sollte recht behalten.

Doch leicht war es nicht am Anfang. In Europa kannte man nur Softdrinks, künstlich gefärbte, aromatisierte Zuckerwasser. Der bekannteste war und ist Coca-Cola. Wenn man bedenkt, dass unmittelbar nach dem Sieg der Alliierten im Zweiten Weltkrieg Coca-Cola mit der gleichen Dringlichkeit wie Waffen an die Truppen geliefert wurde, kann man sich vorstellen, mit welchem Imperium die Firma, mit Unterstützung der amerikanischen Regierung, auch die rechtlichen Voraussetzungen geschaffen hatte, dass Coca-Cola in Europa rasch und legal verkauft werden durfte.

Friedrich Petuely war ab der Mitte der Sechzigerjahre ein einflussreicher »Lebensmittelpapst« in Österreich und als solcher mehr gefürchtet als geachtet. In seiner Funktion als Direktor der Bundesanstalt für Lebensmitteluntersuchung und Lebensmittelforschung in Wien und als Mitgestalter des österreichischen Lebensmittelgesetzes versuchte er Anfang der Siebzigerjahre, Coca-Cola wegen seines Phosphorsäuregehalts verbieten zu lassen oder wenigstens den Farbstoff Karamellsirup zu untersagen – nach dem Willen von Hofrat Petuely wäre Coca-Cola seine charakteristische braune Farbe abhandengekommen. Nach Intervention des amerikanischen Botschafters bei Bundeskanzler Bruno Kreisky wurde dieses Ansinnen fallen gelassen. Später wurde Hofrat Petuely, wenn auch aus anderem Anlass, mit einer monatlichen Pension von 55.000 Schilling in den Ruhestand versetzt.

Man darf davon ausgehen, dass auch in anderen europäischen Ländern vergleichbare Interventionen den unbehinderten Verkauf von Coca-Cola sicherstellten. Den Vereinigten Staaten und Coca-Cola gelangen somit nach dem Krieg in wenigen Monaten das, wofür Red Bull Jahrzehnte brauchen sollte: die Etablierung einer neuen Getränkekategorie in Europa.

2 DER WILLE ZUM SINN ODER DER AUFGABENCHARAKTER DES LEBENS

» Es kommt nicht darauf an, was wir vom Leben erwarten, es kommt darauf an, was das Leben von uns erwartet. «

VIKTOR FRANKL

Nach Frankl ist es der »Wille zum Sinn«, von dem der Mensch »zutiefst und zuletzt durchdrungen ist«. Des Weiteren ist es nicht nur »ein spezifisches Humanum, die Frage nach dem Sinn des Lebens zu stellen, sondern zum Menschsein gehört auch noch dazu, einen solchen Sinn infrage zu stellen«. In *Das Leiden am sinnlosen Leben* heißt es: »Im Besonderen ist es ein Vorrecht des jungen Menschen, seine Mündigkeit an den Tag zu legen, indem er einmal den Sinn des Lebens in Frage stellt.« Und an anderer Stelle: »Sinn geben würde auf Moralisieren hinauslaufen. Und die Moral im alten Sinn wird bald ausgespielt haben. Über kurz oder lang werden wir nämlich nicht mehr moralisieren, sondern die Moral ontologisieren – gut und böse werden nicht definiert werden im Sinne von etwas, das wir tun sollen beziehungsweise nicht tun dürfen, sondern gut wird uns dünken, was die Erfüllung des einem Seienden aufgetragenen und abverlangten Sinnes fördert, und für böse werden wir halten, was solche Sinnerfüllung hemmt. Sinn kann deshalb nicht gegeben, sondern muss gefunden werden.«

Genauso wie ein Psychiater oder Therapeut einem Kranken nicht sagen kann, was Sinn ist, genauso wenig können wir der Arbeit des Einzelnen Sinn verordnen. Sinn muss vielmehr von jedem Einzelnen von uns gefunden werden, und zwar im Hinblick auf seine spezifische Situation und auf seine Möglichkeiten. »Die Aufgabe wechselt nicht nur von Mensch zu Mensch – entsprechend der Einzigartigkeit jeder Person –, sondern von Stunde zu Stunde, gemäß der Einmaligkeit jeder Situation«, schrieb Viktor Frankl.

Wir leben im Zeitalter der Beliebigkeit der Werte und des Verlusts von Tradition. Das ist Fluch und Segen zugleich. Fluch, weil vielen Menschen Heimat und Orientierung genommen werden und sie sich an nichts mehr festhalten können. Das Vakuum füllt mehr und mehr eine Konsumindustrie der sozialen Medien, in der wir uns selbst in den Mittelpunkt stellen. Das Streben nach Glück ist zwar allgegenwärtig, und doch scheint, dass, je mehr wir danach streben, es desto schwieriger ist, glücklich zu sein. Oder wie Viktor Frankl es ausdrückte: »Je mehr der Mensch nach Glück jagt, umso mehr verjagt er es auch schon.«

Ein Leben, das keine Aufgaben für uns bereithält, in dem sämtliche Bedürfnisse immer und sofort befriedigt werden, hätte nicht Erfüllung, sondern abgründige Langeweile und eine bodenlose Leere zur Folge. Frankl nannte es ein »existentielles Vakuum«, ganz im Sinne von Kants »Vorgefühl eines langsamen Todes«. Tödliche Langeweile wird uns auch erwarten, wenn uns die Wissenschaft die Unsterblichkeit bescheren sollte. Unsterblichkeit macht unsere Handlungen beliebig, und wir würden wie Orlando im gleichnamigen Roman von Virginia Woolf in Lethargie verfallen.

Nur die Bewusstheit, dass man sterblich ist und nicht ewig auf dieser Erde lebt, macht unsere Handlungen bedeutsam, gibt dem Leben Fluss und Dramaturgie.

Sinnhaftigkeit bleibt für jeden Einzelnen von uns allgegenwärtig. »Es gibt keine Situation, in der das Leben aufhören würde, uns eine Sinnmöglichkeit anzubieten, und es gibt keine Person, für die das Leben nicht eine Aufgabe bereithielte«, schrieb Viktor Frankl in *Die Sinnfrage in der Psychotherapie*. Entscheidend dabei ist, dass man Sinn nur in Form einer selbstvergessenen Hingabe an eine Aufgabe oder Person findet. Selbstfindung bedeutet, sein Leben auf anderes oder andere auszurichten, etwas zu schaffen oder jemanden zu lieben. Das macht Beruf und Berufung so sinnstiftend, und vor allem als junger Mensch ist die Arbeitswelt leichter zugänglich als Liebe und Aufopferung für den Nächsten.

In *Das Leiden am sinnlosen Leben* bringt Viktor Frankl uns den Aufgabencharakter des Lebens bildhaft näher, indem er ihn mit dem Sehen des Auges vergleicht: »Im Dienst an einer Sache oder in der Liebe zu einer Person erfüllt der Mensch sich selbst. Je mehr er aufgeht in seiner Aufgabe, je mehr er hingegeben ist an seinen Partner, umso mehr ist er Mensch, umso mehr wird er selbst. Sich selbst verwirklichen kann er also eigentlich nur in dem Maße, in dem er sich selbst vergißt, in dem er sich selbst übersieht. Ist es nicht wie beim Auge, dessen Sehtüchtigkeit davon abhängt, daß es nicht sich selbst sieht? Wann sieht denn das Auge etwas von sich selbst? Doch nur, wenn es erkrankt ist: Wenn ich an einem grauen Star leide, dann sehe ich eine Wolke – und damit nehme ich meine Linsentrübung wahr. Und wenn ich an einem grünen Star leide, dann sehe ich einen Hof von Regenbogenfarben rings um die Lichtquellen – und das ist mein grüner Star. Im gleichen Maße ist aber auch die Fähigkeit meines Auges, die Umwelt wahrzunehmen, geschmälert und beeinträchtigt.«

Ein sinnvolles Leben ist ein Leben voller Aufgaben. Hier unterscheidet sich Frankls sinnstiftende Selbsttranszendenz grundsätzlich und fundamental von narzisstischer Selbstverwirklichung. Selbsttranszendenz ist selbstvergessen, Selbstverwirklichung immer selbstbezogen. Sie ist die schillernde Welt der Karrieristen, die exzentrische der Egoisten, die manipulative der Intriganten, die gierige der Spekulanten. Sie alle stellen nicht die Aufgabe selbst, sondern nur die angenehmen Folgen einer Aufgabenerfüllung in den Mittelpunkt. Ihre Protagonisten streben nach Geld, Macht, Glück und Anerkennung, ohne den anstrengenden, aber erfüllenden Weg der Hingabe an eine Aufgabe zu gehen. Gedeih und Verderb einer Organisation hängen davon ab, solchen Tendenzen im Großen wie im Kleinen entschieden entgegenzutreten.

Der selbstvergessene Mensch mit einer Aufgabe ist vor fast allen Fehlentwicklungen gefeit. Er ist ein wahrer Segen für ein Unternehmen. Er arbeitet selbstständig an seiner Aufgabe und wartet nicht auf Anweisungen von Vorgesetzten und Kollegen. Er gewinnt nicht gegen andere, sondern indem er sich selbst und seine Grenzen überwindet. Betrug bedeutet für ihn immer zuerst Betrug an sich selbst, weil er langfristig denkt und geduldig ein Ziel verfolgt, für das sich der Einsatz lohnt. Er muss nicht motiviert, sondern darf nur nicht demotiviert werden. Er braucht auch kein Motivationstraining, weil er sein Ziel immer vor Augen hat. Er muss nicht kontrolliert, sondern nur ermächtigt werden. Er ist nicht gierig, weil er bei seiner Arbeit nicht vordringlich an Geld denkt. Er geht nicht über Leichen und intrigiert nicht, weil es ihm primär nicht um seine Karriere geht. Er braucht keinen Kummerkasten, weil er keinen Kummer verspürt. Er braucht keinen Coach, weil er weiß, was er will. Er hat kein Burn-out, weil er Kraft und Energie auch aus seiner Arbeit bezieht. Er verspürt keine Langeweile, weil die Aufgabe ihn fordert. Und er kann sich nicht selbst überschätzen. Erst die Beschäftigung mit sich selbst birgt die Gefahr der Selbstüberschätzung. Bescheidenheit hingegen zeugt von selbstvergessener Aufgabenerfüllung und Reife und wurde von Dietrich Mateschitz unermüdlich eingefordert.

Die Aufgaben, die wir erfüllen, tragen zum großen Ganzen bei und dienen erst einmal nicht uns selbst. Ebenso verhält es sich mit der Hingabe, die wir einem Menschen zuteilwerden lassen: Sie dient anderen, nicht uns. Letztlich ging es Frankl aber um den Balanceakt zwischen Selbsttranszendenz und Selbstverwirklichung, dem »Sich-Vergessen« und »Nicht-zu-wichtig-Nehmen« und dem Vertrauen in die eigenen Fähigkeiten zum Dienst an einer Sache oder Person. Der Einsatz unserer Fähigkeiten erfolgt, um etwas zu tun, um ein Ziel zu erreichen, und nicht damit etwas geschieht. Das gilt für alle Umstände des Lebens. Dazu bedarf es in guten Tagen heiterer Gelassenheit, in schlechten Tagen Zuversicht und in ganz schlechten Tagen tragischen Optimismus. »Die Situation ist ernst, aber nicht hoffnungslos«, pflegten die Offiziere der K.-u.-k.-Armee im Ersten Weltkrieg zu berichten. Wenn Situationen ausweglos erschienen und tragischer Humor am Platz war, zitierte Dietrich Mateschitz gerne Karl Kraus, der dies in »Die Situation ist hoffnungslos, aber nicht mehr ernst« abgewandelt hatte. Sowohl bei Frankl als auch bei Mateschitz war dies jedoch keine Aufforderung zur Resignation. Bei der

Erfüllung unserer Aufgabe gehen wir ernsthaft vor, strengen uns an, üben Verzicht um der Erreichung eines Ziels willen. Dazu müssen wir manchmal an unsere Grenzen gehen, ja sie sogar überschreiten, wenn wir über uns hinauswachsen wollen.

Der Ruf nach Bescheidenheit und gewissenhafter Aufgabenerfüllung erscheint antiquiert und wenig erstrebenswert in einer Welt, in der wir gewohnt sind, alle wichtigen Lebensentscheidungen der Frage nach dem unmittelbaren Vorteil für uns selbst unterzuordnen. Macht, Geld und Karriere stehen im Zentrum unserer Suche nach Anerkennung, Glück und Erfolg. Die Zielmaxime variiert, bleibt aber immer selbstbezogen. Ohne den selbstvergessenen Willen zum Sinn bleibt unser Streben eine Jagd nach Glück, das sich uns umso mehr entzieht, als wir danach streben.

Trotzdem wünschen sich zahlreiche Menschen mehr Geld und tun viel dafür, um es zu verdienen. Geld, das sie anschließend dazu einsetzen, die sogenannten Errungenschaften der Wohlstandsgesellschaft zu konsumieren. Dass es aber nicht glücklich macht, weiß nicht nur der Volksmund, sondern wird auch von der Rangliste der glücklichsten Nationen der Welt eindrucksvoll untermauert, wo zahlreiche »arme« Staaten noch vor den USA oder Deutschland liegen.

Frankl setzte der auf »totale Bedürfnisbefriedigung abgestellten Konsumgesellschaft« in einem 1984 gehaltenen Vortrag »Inseln der Askese« entgegen: »Weltweit leiden die Menschen, insbesondere junge Menschen, unter einem Sinnlosigkeitsgefühl. Sie besitzen die Lebens-Mittel, die Mittel zum Leben; aber sie entbehren einen Lebens-Zweck, auf den hin zu leben, weiterzuleben, es sich auch dafürstünde.« Für seine Ziele muss man kämpfen und man muss »Frustrationstoleranz« entwickeln. Das heißt, man muss Frustrationen wegstecken und auf die Erfüllung von Wünschen warten können. Verzicht üben und manchmal sogar lernen, etwas, das man schon besitzt, wieder zu opfern. Frankl beklagte, dass junge Menschen »in ihrer Frustrations-Intoleranz [...] nicht mehr fähig [sind], abwendbares Leid abzuwenden und unabwendbares Leid auszuhalten«.

Im Sport sah Frankl eine moderne Form der Askese, den Weg aus der Durchschnittsfalle, den Weg des neuen Kriegers. So schrieb er in *Bergerlebnis und Sinnerfahrung:* »Der biologisch unterforderte Mensch arrangiert freiwillig, künstlich und absichtlich Notwendigkeiten höherer Art, indem er aus freien Stücken von sich etwas fordert, sich etwas versagt, auf etwas verzichtet. Inmitten des Wohlstands sorgt er für Situationen des Notstands; mitten in einer Überflussgesellschaft beginnt er, Inseln der Askese aufzuschütten – und genau darin sehe ich die Funktion, um nicht zu sagen die Mission des Sports im Allgemeinen und des Alpinismus im Besonderen: Sie sind die moderne, die säkulare Form der Askese.«

Das große Verdienst Frankls in der Psychotherapie lag darin, aufzuzeigen, dass die Befriedigung von Grundbedürfnissen und Trieben nicht nachhaltig glücklich und zufrieden macht. Damit überwand Frankl nicht nur Abraham Maslows Motivationstheorie der Bedürfnispyramide, sondern auch die beiden anderen großen Schulen der Wiener Psychotherapie, Sigmund Freuds »Willen zur Lust« und Alfred Adlers »Willen zur Macht«. Nach Maslow müssen zuerst alle Grundbedürfnisse befriedigt sein, damit sich der Mensch selbst verwirklichen und entfalten kann; der Mensch ist erst dann frei, wenn er im Luxus lebt. Freud und Adler reduzieren menschliches Handeln auf eine Reaktion. Bei Freud ist es die Reaktion auf sexuelle Triebhaftigkeit, bei Adler die auf äußere Umstände. Bei Frankl erfährt der Mensch durch selbstbestimmtes Handeln Sinn.

Frankl strebte danach, »den Menschen dahin zu bringen, wo er selbstständig aus seiner bewusst gewordenen eigenen Verantwortung heraus zu den eigensten Aufgaben vordringt und den nun mehr nicht mehr anonymen, vielmehr einmaligen und einzigartigen Sinn des Lebens findet«, wie er in *Ärztliche Seelsorge* schrieb. Dieser Sinn besteht in der Hingabe an eine Aufgabe, einem Ziel, dem Annehmen einer Herausforderung, und nicht in der Beschäftigung mit sich selbst, in der Befriedigung von Bedürfnissen und der Jagd nach Macht und Lust. Diese Selbstvergessenheit in der Hingabe an etwas oder jemanden beschreibt den spezifischen Aufgabencharakter des Lebens. Befriedigung stellt sich dann ein, wenn Ziele erreicht werden, je größer das Ziel und die Anstrengung, desto größer die Befriedigung. Für den Bergsteiger Frankl hieß das: »Wenn ich bei der Preiner Wand angekommen bin, beginnt die *Vita aktiva,* das tätige Leben, das zugreifende, das anpackende – buchstäblich den Fels ›anpackende‹ – Leben.«

Denkt man nun die Gewissensfrage nach dem Sinn des Lebens weiter, wird sie zur Frage von richtig oder falsch im doppelten Sinn: Entsprechen wir einerseits den Anforderungen, die das Leben an uns stellt, und bleiben wir andererseits dabei anständig?

Der erste Gedanke, dem Aufforderungscharakter des Lebens gerecht zu werden, heißt, sich etwas zu widmen, das größer ist als man selbst. Der zweite Gedanke ist die moralische Frage nach dem, was wir tun sollten, weil es gut oder böse ist. Frei nach Frankl gibt es nur zwei »Menschenrassen«, die der Anständigen und die der Nichtanständigen,* und diese »Rassentrennung« verläuft quer durch alle Betriebe und Organisationen. Nicht einmal den anständigen Menschen sagt ihr Gewissen immer, wann sie falschliegen. Und selbst wenn man Sinn gefunden hat, besteht die Ungewissheit, ob die Entscheidung, sich zu engagieren, nicht letztendlich falsch war.

Die Geschichte ist voll von fehlgeleiteter Ambition. Robert Oppenheimer wird nicht gewusst haben, dass ihn seine Forschungen auf dem Gebiet der theoretischen Physik Ende der Zwanzigerjahre in Göttingen wenige Jahre später zum »Zerstörer der Welten« machen würden. Seinem Heimatland zu dienen und sein Leben aufs Spiel zu setzen, wenn nicht auf dem Schlachtfeld zu lassen, war für die vielen Freiwilligen, die für ihr Vaterland in den Krieg zogen, Gewissensentscheidung und heilige Pflicht. Über Sinn oder Unsinn

* »Es gibt nur zwei Rassen von Menschen, die Anständigen und die Unanständigen« – Frankl erlebte einzelne SS-Wachleute im KZ als anständig. Ein Wachmann schaute absichtlich weg, als er sich in Auschwitz bei der Ankunft von der Gruppe, die vergast werden sollte, in die andere hinüberschummelte. Ganz ähnlich äußerte sich auch der ehemalige KZ-Häftling Boris Cyrulnik in einem *Spiegel*-Interview (*Der Spiegel* Nr. 10 /4.3.2023: »Es gab zwei Überlebende, einer war ich«): Als sechsjähriges Kind sollte er 1944 aus Vichy/Frankreich ins Vernichtungslager abtransportiert werden. Er konnte sich verstecken und später in ein Rotkreuz-Fahrzeug retten. »Dann gab ein deutscher Soldat das Zeichen zur Abfahrt. Ich glaube bis heute, dass er mich absichtlich übersehen hat. … Für mich wurde es als Kind erst richtig kompliziert, als der Krieg vorbei war. Bis dahin war alles eindeutig: Alle, die mich versteckten, waren gute Menschen, alle Nazis waren böse. Dann merkte ich, dass es so einfach nicht ist. Gut und Böse, um bei diesen Worten zu bleiben, stecken in jedem von uns. Wir alle schrecken vor diesem Gedanken zurück. Aber wenn wir ihn akzeptieren, würde das jeder Art von Ideologie vorbeugen. Es bedeutet, dass niemand von vorneherein auf der richtigen Seite steht. Auch nicht man selbst.«

dieser Heldentaten und -toten entscheiden oft Sieg und Niederlage – im Nachhinein.*

Angesichts der Ungewissheit, ob wir recht haben werden, forderte Frankl in *Das Leiden am sinnlosen Leben* einmal mehr Demut ein. Denn »daß wir nicht einmal auf unserem Sterbebett wissen werden, ob das Sinn-Organ, unser Gewissen, nicht am Ende einer Sinn-Täuschung unterlegen ist, bedeutet aber auch schon, daß der eine nicht weiß, ob nicht das Gewissen des anderen recht gehabt haben mag. Es kann nur eine Wahrheit geben; aber niemand kann wissen, ob er es ist oder nicht jemand anderer, der sie besitzt.«

Wollen wir unser Schicksal gestalten und nicht nur erleiden, müssen wir handeln. Und handeln wir, so stellt sich immer die Frage nach Gut oder Böse, nach Wahrheit oder Lüge, nach Richtig oder Falsch. Richtig zu handeln heißt zuallererst, gewissenhaft zu handeln. Hat uns aber unser Gewissen getäuscht und haben wir erst einmal erkannt, dass unsere Entscheidung falsch war, tragen wir auch hier die Verantwortung für unser Tun, »ohne die Freiheit zu besitzen, es jemals wieder aus der Welt zu schaffen. Dann kommt es nur auf die rechte Haltung an, auf die richtige Einstellung, und die rechte Haltung gegenüber der eigenen Schuld ist die Reue.«

---

* Die Ironie des Schicksals ist, wie Tom Rachman in seinem Roman *Aufstieg und Fall großer Mächte* zeigt, dass der Ausgang fast aller Kriege überwiegend aufgrund wirtschaftlicher Rahmenbedingungen entschieden wird und damit vorhersehbar ist.

Wie Red Bull einen neuen Markt schuf und sich dabei selbst nicht zu wichtig nahm …

» Ich mache die kleinsten Dinge mit derselben Gründlichkeit wie die größten und dafür die größten mit derselben Ruhe wie die kleinsten. «

VIKTOR FRANKL

Von Anfang an verfolgte Dietrich Mateschitz das Produkt- und Marketingkonzept von Red Bull mit großer Beharrlichkeit und Ausdauer. Er ließ nicht locker, bis er sein Ziel erreicht hatte, auch gegen große Widerstände. Wenn es um die Inhaltsstoffe, die Positionierung des Getränks oder die lebensmittelrechtlichen Zulassungen ging, war er kompromisslos.

Funktionelle Getränke wie Red Bull waren in den Achtzigerjahren in Europa gänzlich unbekannt. Für sie gab es keinen Markt. Die neue Kategorie Energy Drinks wurde deshalb von vielen vorerst als wenig glaubwürdig angesehen. Das änderte sich rasch. Die Marketingstrategie, nämlich dass Red Bull Flügel verleiht, in Kombination mit intensivem *Product Sampling* erwies sich als wirksam und erfolgreich.

Was das Marketing anging, stand Mateschitz schon seit geraumer Zeit im Austausch mit seinem Freund Johannes »Hansl« Kastner von der gleichnamigen Werbeagentur. Die beiden kannten sich aus Studienzeiten, auch Kastner hatte bei Young & Rubicam und für Unilever gearbeitet und sich 1982 selbstständig gemacht. In Thailand war ein legendärer gemeinsamer Werbespot entstanden, bei dem ein alter Thai mit nur einem Zahn im Mund mit seinem noch zahnlosen Enkel für eine zukünftige Generation mit gesunden Zähnen wirbt – dank Blendax. Später kam Mateschitz arbeits- und fast mittellos zu Kastner. »Er sagte, er habe eine super Produktidee, für die ich Werbung machen sollte, aber leider auch ein Problem: Er könne mich nicht dafür zahlen.« Und so arbeitete Mateschitz als freier Mitarbeiter für die Agentur und erstellte Werbekonzepte. Sieben davon wurden Kunden präsentiert, kein Pitch wurde gewonnen. Kastner erinnert sich, dass »die Konzepte so kompromisslos waren, wie heute Red Bull geführt wird«.

Ab 1984 feilten »der Didi und der Hansl« dann gemeinsam eineinhalb Jahre lang am Konzept Red Bull. Nach monatelangen Versuchen, über fünfzig Kampagnen und »unzähligen schlechten Ideen«, an denen die Zusammenarbeit schon zu scheitern drohte – darunter »Red Bull – Die Freiheit des Adlers« oder eine Anzeigenserie für Geist und Körper, rechts Schwarzenegger, links Einstein* –, hatte Kastner schließlich die zündende Flügel-Spruch-Idee, nachdem Mateschitz ihn gebeten hatte, sich ein letztes Mal hinzusetzen und nachzudenken. Mateschitz selbst erinnerte sich an die Situation so: Nachts um zwei sei der Anruf gekommen. Natürlich habe er noch nicht geschlafen, er brauche nie mehr als vier Stunden Schlaf, »weil das nur Zeit kostet, die man bewusst erleben kann«. Kastner habe gesagt: »Ich hab's.« Mateschitz: »Lass hören.« Kastner: »Red Bull verleiht Flügel.« Mateschitz: »Na, siehst du. Danach haben wir doch immer gesucht.«**

---

* Jahre später wird Arnold Schwarzenegger übrigens den Red Bull World Stunt Award promoten, Mateschitz (erfolglos) ein »Zweistein«-Gastronomie-und-Getränkekonzept mit Einstein-Konterfei lancieren und Walter Köhler bei *Terra Mater* die Freiheit des Adlers im Film *Wie Brüder im Wind* filmisch umsetzen, mit Jean Reno und Tobias Moretti in den Hauptrollen.

**Die Erfindung des Flügel-Spruchs prägt die Agentur bis heute, ihre Arbeitsweise beschreibt sie in Anlehnung an das traumatische Erlebnis der vielen Versuche so: »All unser Wissen und Mut zur Streitkultur als Beitrag zum Kundenbriefing – übervolle Papierkörbe bis zur großen Markenidee …«

Kastner erinnerte sich später im Interview mit dem Wirtschaftsmagazin *trend* anlässlich der Wahl Mateschitz' zum »Mann des Jahres 2001« an diese aufregenden Stunden: »Wir beide wussten sofort, das ist es.« Die fünf Millionen Schilling, mit denen die beiden das Getränk in Österreich bekannt machten, waren »für ihn fast sein gesamtes Eigenkapital. Daran erkennt man, wie kompromisslos der Didi an Werbung glaubt. Er ist ein brillanter Analytiker, aber er hat auch ein Bauchgefühl für die Werbung, eine Kombination, die man selten findet.«

Kastners Slogan wurde sodann in den einzigartigen Cartoons von Red Bull umgesetzt. Spots wie »Reporter« oder »Leonardo« entstanden vor allem aus anfänglicher Verlegenheit. Das Geld war knapp, und die Cartoons waren viel günstiger als klassische Werbespots. Bester Ideenlieferant war ein Polizist aus dem Murtal, der Heimat von Mateschitz, und gezeichnet wurde in Ungarn. Damit konnte die Kampagne zu einem Bruchteil des Budgets herkömmlicher Werbespots umgesetzt werden. Aus einer Verlegenheit entwickelte sich also eine charakteristische Kampagne mit hohem Wiedererkennungswert. Noch heute, dreißig Jahre und Milliarden konsumierter Dosen später, werden mittlerweile Hunderte von Cartoons weltweit ausgespielt. Sie setzen die Produktwirkung und die Markenidee von Red Bull einfach, prägnant und humorvoll um und begeistern ihr Publikum nach wie vor.

Zurück zur Gründungsphase: Vorerst betrieb Mateschitz, was man heute als ein Start-up bezeichnen würde. Das Produkt: Energy Drinks als *Copycat* aus Japan und Thailand. Dort wurden diese *Blue-Collar*-Getränke nicht karbonisiert in kleinen braunen Fläschchen als Medizinprodukt über den

Laden verkauft. Kaufkräftige Schichten interessierten diese Getränke nicht, Zielgruppe waren mangelernährte Arbeiter (daher der Ausdruck *Blue Collar*) oder Lkw-Fahrer, die sich fit und wach halten wollten. Mateschitz' anfangs größte Sorge: Würde es gelingen, dieses Produktimage lange genug von Europa fernzuhalten, damit Energy Drinks sich in Europa als *Luxury Product* für eine *White-Collar*-Zielgruppe etablieren konnten? Das Geschäftsmodell: das Getränk dreimal so teuer wie Coca-Cola zu verkaufen und damit einen *Gross Profit* zu generieren, der die Verwirklichung von ambitionierten Marketingkonzepten erlaubte. Und letztlich die Erfindung eines neuen *Content-Marketing*-Konzepts: Markenbotschafter aus der Welt des Sports und der Kultur sowie diverse Events sollten die Produktidee verkörpern und Red Bull bekannt machen.

Die Rezeptur bestand wie bereits erwähnt aus den Zutaten Koffein, Taurin und Glucuronolactone. Bei Taurin handelt es sich um eine sogenannte semikonditionelle Aminosäure. Als Osmoregulator spielt es bei zahlreichen Stoffwechselfunktionen eine wichtige Rolle. Normalerweise erzeugt der menschliche Körper in der Nebenniere genügend Taurin, aber »in Zeiten erhöhter Anstrengung« kann eine Taurinzufuhr sinnvoll sein. Der Koffeingehalt war im Vergleich zu Softdrinks erhöht; Red Bull hat ungefähr dreimal so viel Koffein wie Coca-Cola. Glucuronolactone dient zur Entgiftung. Des Weiteren waren noch Glucose, Sacharose, Vitamine und das charakteristische Gummibärchen-Aroma aus Thailand Bestandteil.

In einer Umfrage durch eine sogenannte Fokusgruppe vor der Einführung fiel Red Bull mit Bomben und Granaten durch. Zu grauslich war der Geschmack. Mateschitz blieb unbeirrt. Nicht der Geschmack war entscheidend, sondern die Wirkung. Diese Wirkung konnte sowohl objektiv als auch subjektiv gemessen werden. Studien belegten, dass Red Bull »in Zeiten erhöhter Anstrengung« die Leistungsfähigkeit steigert und die Reaktionszeit und Konzentration verbessert.

Rezeptur und gesundheitsbezogene Aussagen auf der Dose waren Mateschitz heilig. Roland Concin, der, lange Jahre bevor er als *Operation Chef* zu Red Bull kam, beim Abfüller Rauch als Produktionsleiter für Red Bull zuständig gewesen war, veränderte in den ersten Jahren einmal eigenmächtig den Produktionsvorgang. Als Mateschitz davon erfuhr, rief er Concin an und »machte ihn um einen Kopf kürzer«. Neben wichtigen gesundheitsbezogenen Aussagen war auch der *Claim* »Erhöht den Wachheitsgrad« auf allen Dosen zu finden. Der Lebensmittelanwalt in Deutschland rief 1996 in der Red-Bull-Zentrale an, um mitzuteilen, man habe sich mit den Behörden auf neue Claims geeinigt. Unter anderem hätte er die Aussage »Erhöht die Wachsamkeit« gegenüber den Behörden durchsetzen können. Obwohl er mit der Niederlegung des Mandats drohte, ließ Mateschitz ihm ausrichten, nur Hunde seien wachsam und er möge auf die richtige Diktion »Wachheit« bestehen – was dann auch geschah.

Mateschitz bestand zudem seit jeher darauf, dem Konsumenten seine individuelle Vorstellung über die Wirkungsweise von Red Bull als Zielgruppengetränk zu belassen. Red Bull ist mit dem Slogan »Verleiht Flügel« und dem *Reason Why* »Belebt Geist und Körper« hinlänglich positioniert. Damit kann jeder die Wirkung in das Getränk projizieren, die für ihn wichtig ist. Der eine schätzt die Leistungssteigerung im Sport, andere suchen einen Muntermacher bei der Arbeit oder in der Freizeit. Auch als Wachmacher bei langen Autofahrten ist Red Bull beliebt oder als Partygetränk, das angeblich hellwach und gleichzeitig trinkfest machen soll.

Nur das Trinken einer vollen 250-Milliliter-Dose Red Bull erzeugt übrigens die gewünschte Wirkung. Red Bull wird deshalb konsequenterweise auch nicht im Supermarkt als Erfrischungsgetränk im Plastikbecher »verkostet«. Die Dose wird von sogenannten *Wings Team Members* immer dann an Konsumenten verteilt, wenn Red Bull gerade benötigt wird, um wach und munter durch den Tag oder die Nacht zu kommen. Auch werden die Dosen anlässlich der Übergabe geöffnet, damit sie tatsächlich vor Ort und »in Zeiten erhöhter Anstrengung« konsumiert werden können. Die Wirkung von Red Bull soll spürbar sein, und das ist eben nur dann der Fall, wenn man einen Energieschub gut brauchen kann.

Generationen von Marketingleuten müssen bei Red Bull wieder und immer wieder davon überzeugt werden, dem Konsumenten seine subjektive Wirkungsvorstellung des Getränks zu belassen. Das war – und ist noch heute – nicht immer einfach. So mancher frisch von den großen FMCG-Konzernen rekrutierte *Brand Manager* wollte das Produkt präziser positionieren, etwa als Sportgetränk, und damit das Potenzial von Red Bull auf jenes von Isostar oder Gatorade beschränken. Oder ganzseitige Anzeigen schalten, die festhalten, weshalb Red Bull nicht gesundheitsgefährdend ist, wird doch immer wieder *»not good for me«* als einer der Gründe genannt, warum das Getränk nicht konsumiert wird. Im besten Fall würde damit dem Konsumenten suggeriert, dass er für ein Red Bull, das nicht mehr Koffein als eine ordentliche Tasse Kaffee hat, den dreifachen Preis bezahlt. Im schlimmsten Fall würden so jene Konsumenten, die Red Bull lieben, mit einer Negativbotschaft vergrault.

Von Anfang an rankten sich zahlreiche urbane Mythen um das Getränk: Es enthielte so viel Koffein wie zwanzig Tassen Kaffee. Die Inhaltsstoffe führten zu Herzrhythmusstörungen und in schweren Fällen zu Herzinfarkt. Gemischt mit Alkohol, sei man zwar betrunken, fühle sich jedoch nüchtern. Findige Wissenschaftler, nie um eine Forschungsförderung (sogenannte *Grants*) verlegen, erfanden dafür sogar den Terminus technicus des *Wide-Awake-Drunk-Syndrome*. In Österreich war in den Anfangsjahren denn auch der Warnhinweis »Nicht mit Alkohol mischen« auf der Dose zu finden. Die überwiegend jugendlichen Konsumenten empfanden dies natürlich nachgerade als Aufforderung, und der eine oder andere Red-Bull-Wodka, liebevoll »Flügerl« genannt, wanderte nicht trotz, sondern wegen des Warnhinweises über den Tresen.

Auch gelang es Red Bull über die Jahre immer mehr, den Platz von Coca-Cola einzunehmen. Noch vor fünfzig Jahren war den Kindern verboten worden, Coca-Cola zu trinken, das sei nur etwas für Erwachsene (nicht umsonst war die belebende Wirkung des Softdrinks anfänglich auf den Zusatz von Kokain zurückzuführen), nun galt dieses elterliche Verbot dem Konsum von Red Bull. Dieser *Parental Support* sorgte dafür, dass Jugendliche jeder Generation darauf hinfieberten, sich ihr erstes Red Bull kaufen zu können. Generell erhöhten derartige Warnhinweise zusammen mit dem obligatorischen Medienecho die Aufmerksamkeit für das Produkt und die Kategorie. Und man betrachtete sie als das, was sie in Wirklichkeit waren: *Government Advertising*. Solange man in der Zeitung den Namen Red Bull richtig schrieb und das Produkt kein Verkaufsverbot ereilte, konnte der jungen Marke nichts Besseres passieren. Mateschitz sah deshalb all diese Phänomene immer gelassen und mit Humor. Als ihm 1995 im Rahmen der Effie Gala die Auszeichnung »Marketer des Jahres« verliehen wurde und die Journalisten ihn beim Überreichen des Awards fragten, ob es stimme, dass Taurin aus Stierhoden gewonnen werde, antwortete Mateschitz schlagfertig: »Ja, aber nur aus den Hoden der stärksten und mutigsten Tiere.«

Der Grundstein war gelegt. Mateschitz wusste, dass die Wirksamkeit von Red Bull subjektiv und objektiv nachweisbar war. Die Wiederverkaufsraten nach Markteinführung in Österreich waren hoch. Keine Überraschung für Mateschitz, der aus eigener Erfahrung um die Wirksamkeit von Energy Drinks wusste. Auf seinen zahlreichen Asienreisen hatten ihm die Getränke immer dabei geholfen, den Jetlag zu überwinden.

… und schließlich von Österreich aus die Welt eroberte

> » Es genügt vollkommen,
> wenn man uns ungestört arbeiten lässt. «
>
> DIETRICH MATESCHITZ

Die kleine, blau-silberne Dose mit dem Namen Red Bull trat ihren Erfolgszug an. Nach drei Jahren versuchter Markteinführung in Deutschland begann in Österreich eine Erfolgsgeschichte, die den Getränkemarkt in wenigen Jahren global umwälzen würde.

Anfang der Neunzigerjahre etablierte Mateschitz Red Bull sehr erfolgreich in Österreich. Der Energy Drink war in aller Munde. Die Umsätze und Gewinne für einen Acht-Mann-Betrieb waren mit 130 Millionen Euro sensationell. Die

Expansion nach Deutschland erfolgte dort noch immer mangels Zulassung »auf Schmugglerwegen«. Flugbegleiter und Studenten versorgten den Hoffnungsmarkt mit dem beliebten Partygetränk, das der deutsche Gast beim letzten Ski- oder Sommerurlaub im »Ösiland« lieben und schätzen gelernt hatte.

Mateschitz überlegte, ob er sich ins Privatleben zurückziehen und nur mehr als Gesellschafter fungieren sollte. Ein Geschäftsführer wurde eingestellt. Doch bereits 1994 war das kurze Gastspiel eines gewissen Herrn Vogel beendet, und Mateschitz übernahm mit fünfzig Jahren wieder fest die Zügel. Wieder war eine freie und von Selbstverantwortung im Sinne Frankls getragene Entscheidung gefallen. Er wollte nicht warten, bis etwa Coca-Cola auf Red Bull ernsthaft aufmerksam, ein Übernahmeangebot stellen und dann die neue Kategorie global ausrollen würde. Er würde es selbst versuchen. Ganz schön mutig für eine zwar hoch profitable, aber sehr kleine »Marketingquetsche« aus Salzburg, Österreich, die die Produktion der Dose an die Firma Rauch in Nüziders, Vorarlberg, ausgelagert hatte. Die Produktion könnten andere besser, sagte Mateschitz, und er sollte auch damit recht behalten. Die Firma Rauch feierte 2019 ihren hundertsten Geburtstag, und wenn Rauch etwas kann, dann ist es, Getränke zu produzieren. Warum sich also damit belasten, man hatte ja noch die Welt zu erobern.

1993 wurde Red Bull dann im ersten Land außerhalb von Österreich verkauft, und zwar in Ungarn. Kurzfristig ein Vertrieb im K.-u.-k.-Modus, doch dann ging es Schlag auf Schlag. Österreich trat 1995 der Europäischen Union bei. 1994 erfolgte die Zulassung von Red Bull in England, das bei Lebensmittelzulassungen in der Regel liberal war. Über England ging es im freien Warenverkehr nach Deutschland.

Deutschland ist ein zehnmal größerer Markt als Österreich – die Flugbegleiter und Studenten hatten ein ganzes Stück Vorarbeit geleistet. Red Bull wurde dort aufgesogen wie Wasser von einem trockenen Schwamm. Der Verkaufserfolg brachte die kleine Mannschaft, die bis dahin ein relativ beschauliches Leben im Verkäufermarkt Österreich geführt hatte, in Bedrängnis. Wenige Wochen nach der Markteinführung von Red Bull in Deutschland gingen bei Rauch die Dosen aus. Niemand hatte mit den Abnahmemengen gerechnet und dementsprechend disponiert. Red Bull war nicht mehr lieferfähig, und die Regale blieben leer. Im Fachjargon heißt das *OOS – Out of Stock*. Ein Rettungsversuch mit Glasflaschen ging mangels Konsumentenakzeptanz daneben. Davon sollte sich Red Bull in Deutschland auf Jahre nicht mehr erholen. Die Entwicklung in Deutschland liegt auch heute noch weit hinter der in Österreich und der Schweiz zurück.

Für Mateschitz war es ein Weckruf, die Organisation zu professionalisieren. Ab Anfang der Neunzigerjahre sprach Anja Köstlinger von Neumann Personalberatung Dutzende von aufstrebenden Marketing- und Sales-Mitarbeitern vor allem bei Procter & Gamble, aber auch bei Johnson & Johnson, Unilever und Kraft Suchard an, um sie für Red Bull zu gewinnen. Auch die Funktionen Finanz, *Operations* und Recht wurden geschaffen oder neu besetzt. Viele Mitarbeiter aus dieser Phase der Internationalisierung mit ihren niedrigen zweistelligen Personalnummern sind bei Erscheinen dieses Buches immer noch in leitender Funktion für Red Bull tätig.

Der Wohnung in der Alpenstraße war Red Bull zu diesem Zeitpunkt schon längst entwachsen. Das »Headquarter« des damals noch Möchtegernkonzerns war nach Fuschl am See übersiedelt. Dort, neben der Bundesstraße und einen

Steinwurf vom Südwestufer eines der schönsten Salzkammergutseen entfernt, war von einer Bade- und Armaturenfirma ein Werkstättenhaus errichtet worden, das einen neuen Eigentümer suchte. In einem halben Dutzend Kojen hätten Kunsthandwerker angesiedelt werden sollen, mit Werkstatt und Verkauf unter einem Dach. Als das Konzept scheiterte, griff Mateschitz beherzt zu, gestaltete die Räumlichkeiten zu Büros um und errichtete in der Halle eine Besprechungs- und Begegnungszone zwischen viel Pflanzengrün und runden weißen Steinen, Zeugen der letzten Eiszeit vor zehntausend Jahren.

Die Anfangszeit in Fuschl mutet geradezu idyllisch an. Mateschitz ging gerne beim Strandbad surfen, und wenn es ein schöner Tag war und es die Arbeit erlaubte, durften es ihm die Mitarbeiter gleichtun. Es gab keine Hierarchien. Statt Vorgesetzten, Managern und Backoffice gab es nach dem Vorbild amerikanischer Footballmannschaften die Positionen *Headcoach, Quarterback* und *Defensive Line*. Mittags saßen alle an einem Tisch im *Mohrenwirt* und speisten à la carte. Um Sachbezüge machte sich niemand Sorgen. Nach Hause fuhr jeder, wirklich jeder, also auch Hedi Litzlbauer, die damals – natürlich im Angestelltenverhältnis! – die Büros reinigte, mit dem Dienstauto. Dennoch wurden in den folgenden Jahren von hier aus die Weichen für den internationalen *Rollout* der Marke Red Bull gestellt.

Mateschitz war ein Marketingprofi. Er wusste um die Theorie. Aber was funktionierte in der Welt da draußen wirklich? Die große Unbekannte damals war vor allem: Funktionierte das, was in Österreich erfolgreich war, auch in anderen Märkten? Für die Märkte außerhalb von Österreich gab es noch keine Referenzwerte, und die ersten Ergebnisse aus den neuen Ländern waren widersprüchlich. In Ländern wie der Schweiz und Belgien setzte sich das Konzept sofort durch, die Engländer erklärten aber erst einmal kategorisch, dass die Transkription des Slogans »Red Bull verleiht Flügel« in *»Red Bull Gives You Wings«* nicht annähernd das vermittelte, was dem deutschen Satz innewohnte. Ein klassisches *Not-Invented-Here-Syndrom*. Mateschitz war skeptisch, ließ die Engländer jedoch machen. Achtzehn Monate später und um bedeutende Verlustvorträge reicher wurde das *»Never Underestimate What a Red Bull Can Do For You«*-Experiment beendet, die Mannschaft ausgewechselt und das in Österreich bewährte *Content-Marketing*-Konzept mit dem Slogan *»Gives You Wings«*, dem *Reason-Why-Statement »Vitalizes Body & Mind«* und den Cartoons auch in England eingeführt. Und siehe da, es wirkte auch dort.

Ab diesem Zeitpunkt wuchs die Überzeugung, dass das Konzept auch global erfolgreich sein könnte. Voraussetzung war eine einheitliche Marke und eine zentrale Marketingkoordination aus dem sich immer mehr zu einem richtigen *Headquarter* mausernden Fuschl am See. Das Marketing wurde von den Abteilungen *Brand, Sport, Events, Culture* und *Communications* gesteuert. Lokalkolorit, sofern markenadäquat, war ausdrücklich erwünscht, und die besten Ideen aus den Ländern wurden übernommen. Die globale Marke Red Bull nahm konkrete Formen an.

Doch zuerst einmal bedurfte es der Zulassung des Produkts in den verschiedenen Ländern. Zwar galt in der Europäischen Union theoretisch der freie Warenverkehr. Was genau darunter zu verstehen war, wurde in den einzelnen Ländern jedoch verschieden ausgelegt. In Deutschland durfte das zweifelsfrei nicht gesundheitsschädliche, aber nicht nach dem deutschen Reinheitsgebot gebraute elsässische Bier

Brasserie du Pecheur erst nach einem Urteil des Europäischen Gerichtshofes verkauft werden. Das war 1996 und nachdem sich die Brauerei einem Zulassungsprozess von acht Jahren in Deutschland gestellt hatte. Nach diesen Maßstäben war die Zulassung von Red Bull in Deutschland 1994 ein Erfolg. Die Zulassungen in Belgien, Luxemburg, den Niederlanden, Irland und Spanien erfolgten ebenfalls weitgehend reibungslos und nach Plan.

Schwierigkeiten bereiteten Italien, die skandinavischen Staaten und vor allem Frankreich. Italien gab den Widerstand 1997 überraschend nach einer Stellungnahme des Obersten Sanitätsrats auf. Frankreich und die skandinavischen Länder wehrten sich bis zum Ende. Der Zulassung waren erbitterte Kämpfe zwischen Red Bull und den Behörden vorausgegangen, das Verbot wurde mit wechselnder Begründung aufrechterhalten. Anfangs war es der erhöhte Koffeingehalt, der den Behörden missfiel. Erhöhter Koffeinkonsum durch Energy Drinks könne zu Schwindelgefühlen, Unruhe, Aufmerksamkeitsproblemen und Aggressivität führen. Eigenartig, wenn man bedenkt, dass Red Bull so viel Koffein wie eine gute Tasse Cappuccino enthält und Cola und Eistees in rauen Mengen konsumiert werden und damit den überwiegenden Anteil am Gesamtkoffeinkonsum beitragen. Mateschitz wurde deshalb auch in einem gegen ihn und den französischen Geschäftsführer Markus Krebs im Palais de Justice auf der Île de la Cité in Paris durchgeführten Strafverfahren freigesprochen. Das war Anfang 2000 – in Fuschl flogen bereits die Korken. Der Vertrieb in Frankreich konnte beginnen. Dachte man. Man hatte nicht mit der Hartnäckigkeit der französischen Behörden gerechnet.

Nur Tage später verabschiedete der französische Sanitätsrat eine neue Sicherheitsbewertung. Jetzt wurden die

Inhaltsstoffe Taurin, Glucuronolactone und mögliche Interaktionen der einzelnen Zutaten beanstandet. Der Freispruch war damit hinfällig – Nova Producta heißt das im Juristenlatein – und die zweite Runde im Zulassungskampf eingeläutet. Es sollten noch mehrere Runden folgen.

Bevor an eine Zulassung in Frankreich zu denken war, musste erst der politische Widerstand gebrochen werden. Frankreich wurde in den wissenschaftlichen Gremien durch die skandinavischen Länder und Deutschland unterstützt. In Deutschland war die oppositionelle Gemengelage differenzierter, und man konnte die Haltung gegenüber Red Bull durchaus als schizophren bezeichnen. Während Fundamentalisten des Bundesinstituts für Risikobewertung als Überzeugungstäter Energy Drinks vereinzelt mit Todesfällen in Verbindung brachten (und dies noch heute tun), immerhin mit der Einschränkung, dass »eine Kausalität [...] jedoch bislang nicht eindeutig nachgewiesen« werden konnte, war Red Bull dort im Gegensatz zu Frankreich aber erlaubt. Während also in Frankreich niemand an die Gesundheitsgefahr glaubte und Red Bull aus politischen Erwägungen der Markt verschlossen blieb, war es in Deutschland genau umgekehrt. Skandinavien verwies am Ende nur mehr auf Frankreich und hoffte, dass das gallische Dorf uneinnehmbar blieb. Österreich erfreute sich an den Exportüberschüssen in der restlichen Welt, hob aber sonst keinen Finger. Am meisten Unterstützung kam noch aus England, das der EU aber inzwischen leider den Rücken gekehrt hat. Es wird uns fehlen. Aber so ist Europa.

In Wirklichkeit ging es Frankreich nicht um Red Bull und seine Inhaltsstoffe, sondern um die nationale Ernährungspolitik, die bereits in der Schule auf eine gesunde (vitaminreiche) und ausgewogene Ernährung setzte. Die Zulassung von Red Bull wäre da einer Bankrotterklärung gleichgekommen. Die Unterminierung jahrzehntelanger vergeblicher Anstrengung musste so lange wie möglich und auch gegen die Regeln des freien Warenverkehrs verhindert werden. Die Behörden waren es gewohnt, dass auch große Konzerne wie P&G, Unilever, Coca-Cola und Pepsi darauf Rücksicht nahmen, sich arrangierten und die Rezepturen dem jeweiligen Markt anpassten. Warum also nicht auch das kleine Red Bull aus Österreich?

Für Zerealien- und Softdrinkhersteller mochte das ein gangbarer Weg sein, für Red Bull war es das nicht. Dutzende von Studien zur Wirksamkeit des funktionellen Lebensmittels wären bei einer Rezepturänderung überholt und unbrauchbar gewesen, und der Konsument hätte berechtigt Fragen hinsichtlich der Originalrezeptur in anderen Ländern und der Wirksamkeit des verwässerten Produktes gestellt.

Wie so oft suchte Red Bull auch hier den Konsens und nicht den Kompromiss. Weitere aufwendige Einzel- und Interaktionsstudien mussten beauftragt werden. Vor allem Interaktionsstudien waren bei Lebensmitteln völlig unbekannt und wurden auch bei Arzneimitteln nur dann gemacht, wenn die Verstoffwechselung einzelner Wirkstoffe Anlass bot, über Wechselwirkungen zu spekulieren. Bei den Inhaltsstoffen von Red Bull waren Wechselwirkungen, additiv, hemmend oder synergistisch, nicht zu erwarten, und die Studien, auf die man bestand, waren deshalb sinnlos. Überwiegend ging es den Behörden aber ohnehin nicht um Konsumentenschutz, Sicherheitsbedenken und das viel strapazierte Vorsorgeprinzip, was sie hinter vorgehaltener Hand auch zugaben, sondern um Lebensmittelpolitik, Verhinderung und – wenn Red Bull schon nicht aufzuhalten war – wenigstens um Zeitgewinn. Red Bull beschäftigte mit Robert

Kroes, Andrew Renwick, Ron Walker und Joe Rodricks mittlerweile die Crème de la Crème der europäischen und amerikanischen Toxikologie und Stoffwechselforschung; Experten, die sich ansonsten mit den wirklichen Problemen der Menschheit wie zum Beispiel der damals aktuellen Sicherheitsbewertung von Rinderwahnsinn beschäftigten. Die Wissenschaft war sich einig: Red Bull war unbedenklich. Auf politischer Ebene wurden wissenschaftliche Scheinargumente vorgeschoben und ein Stellvertreterkrieg geführt. Kein seriöser Wissenschaftler glaubte ernsthaft an eine Gesundheitsgefährdung, weshalb die Wissenschaft zunehmend genervt auf diese Ressourcenverschwendung reagierte.

Nach unzähligen Studien zu chronischer und akuter Konsumation, Einzelzutat und Kombinationswirkung sowie Stoffwechseluntersuchungen verabschiedet die Europäische Lebensmittelsicherheitsbehörde (EFSA) am 12. Februar 2009 eine Stellungnahme über Taurin und Glucuronolactone, »zwei Zutaten, die häufig in bestimmten Energiegetränken verwendet werden«. Nach dieser Stellungnahme gaben auch die letzten Bastionen ihren Widerstand gegen Red Bull auf. Der Direction générale de la concurrence, de la consommation et de la répression des fraudes, kurz DGCCRF, blieb nach dieser Stellungnahme nichts anderes übrig, als die Unbedenklichkeit und den rechtmäßigen Verkauf auch in Frankreich zu bestätigen. Norwegen und Dänemark folgten, wie erwartet, kurz darauf der Entscheidung der Franzosen. Dies, obwohl die dänische Verantwortliche im Rahmen eines WHO/FAO-Meetings in Berlin kurz vorher noch in der Warteschlange zum Mittagessen gegenüber dem Autor mitgeteilt hatte, dass Red Bull »nur über ihre Leiche« eine Zulassung in Dänemark erhalten würde. Es genügte – Gott sei Dank – ihre Pensionierung.

Nur Deutschland blieb noch Überzeugungstäter und versuchte auch nach der EFSA-Stellungnahme 2009, eine schädliche Wirkung von Red Bull bei Sport nachzuweisen oder dann, wenn man es mit Alkohol mischte. Man berief sich dabei auf das Vorsorgeprinzip, freilich ohne konsequent den Schritt zu wagen und Red Bull aus dem Regal zu verbannen. Vom Steuerzahler finanzierte Studien sollten zuerst den Verdacht erhärten. Es wurde eine Studie an der Universität Hohenheim beauftragt, die nachweisen sollte, dass der akute Konsum von Red Bull zu Kreislauf- und Herzproblemen führte. Nach Vorliegen der Ergebnisse dieser Studie stellte die EFSA 2015 endgültig fest, dass auch »der akute Konsum eines Energy Drinks den Blutdruck nicht mehr beeinflusst, als durch den Koffeinkonsum zu erwarten gewesen wäre«. Kurz: Man hatte auf Kosten der Steuerzahler die Wirkungen von Koffein erforscht. Darüber hinausgehende Wechselwirkungen waren nicht zu erwarten gewesen und wurden auch nicht festgestellt. Mateschitz sagte deshalb zu Recht, dass »Red Bull über eine bessere toxikologische Dokumentation als so manches Arzneimittel verfüge«. Damit war nach über zwanzig Jahren die Zulassung des Produkts in Europa im Wesentlichen abgeschlossen.

Die Unbedenklichkeit von Red Bull hatten zuvor auch schon die Behörden in Australien, Neuseeland und Kanada bestätigt, um nur die wichtigsten anzuführen. Auch in Australien gelang die Zulassung nur über ein Freihandelsabkommen mit Neuseeland. Mehrere Anläufe bei der Lebensmittelsicherheitsbehörde in Sydney waren zuvor gescheitert. Allerdings hatte Neuseeland Red Bull wie in Österreich bereits als diätetisches Lebensmittel zugelassen. Ein Studium des Trans Tasmanischen Wechselseitigen Anerkennungs-Abkommens, kurz TTMRA, auf dem Flug von Auckland nach

Sydney brachte auch in Australien den Durchbruch. Der bis vor Kurzem noch bei der Behörde beschäftigte Anwalt Chris Preston hatte sich selbstständig gemacht und bestätigte in einer Stellungnahme, dass auch diätetische Lebensmittel unter das Abkommen fallen. Die Australisch-Neuseeländische Lebensmittelbehörde, kurz ANZFA, gab nach. Ende der Neunzigerjahre wurde Red Bull auch nach Australien verschifft, anfangs noch mit Zwischenlandung von neuseeländischen Häfen aus.

Die Einführung in Amerika war dagegen aus rechtlicher Sicht problemlos. 1997 beschloss Mateschitz, Red Bull auch dort auf den Markt zu bringen. Zuerst musste markenrechtlich mit der Stroh beziehungsweise Pabst Brewery eine Abgrenzungsvereinbarung geschlossen werden. Pabst vertreibt ein Red-Bull-Starkbier in Amerika. Red Bull verkaufte das Bier, das seiner Zeit weit voraus war, in Österreich sogar eine Zeit lang, bis man die Sinnlosigkeit des Unterfangens zur Kenntnis nehmen musste.

Für die USA war eine sogenannte Selbstzertifizierung *(Self-affirmation)* der Inhaltsstoffe Taurin und Glucuronolactone Voraussetzung. Diese Zertifizierung erfolgt in der Regel durch von der Food and Drug Administration *(FDA)* anerkannte Experten, die von Red Bull ernannt wurden. Der Prozess war, wie fast alles in Amerika, kostspielig und langwierig, am Ende aber pragmatisch und erfolgreich. FDA und Federal Trade Commission (FTC) widersprachen der Einschätzung nicht, und Red Bull wurde als Lebensmittel mit erhöhtem Koffeingehalt nicht beanstandet.

Nach Kaffee und Cola wurden auch Energy Drinks akzeptiert. Aus Sicht der FDA vermutlich die letzte Kategorie von Lebensmitteln, die im großen Stil funktional mit Koffein angereichert werden dürfen. Weiteren Koffein-Innovationen dürfte die Behörde kritisch gegenüberstehen. So wurden alkoholische Fertigkoffeingetränke, sogenannte *Alcoholic mixed Energy Drinks* (AmED), durch ein *FDA Warning Letter* praktisch vom Markt genommen. Es ist anzunehmen, dass auch andere Lebensmittel wie Wasser oder Kaugummi mit relevantem Koffeingehalt mit substanziellem Widerstand der Behörde zu rechnen hätten. Kaffee, Cola und Energy Drinks bleiben somit außerhalb von Arzneimittelzulassungen die wesentlichen Koffeinquellen des amerikanischen Konsumenten, eine Entscheidung, die wichtig war für die noch junge Kategorie Energy Drinks. Als letztes Land hat Uruguay Red Bull 2014 zugelassen. Damit war die weltweite Zulassung des Produkts abgeschlossen.

3 WERTSCHÄTZUNG, ZUVERSICHT UND VERTRAUEN

» Das große Heilmittel für die seelische Not dieser Zeit ist das Vertrauen. «

VIKTOR FRANKL

»Wenn wir die Menschen nur so nehmen, wie sie sind, so machen wir sie schlechter; wenn wir sie behandeln, als wären sie, was sie sein sollten, so bringen wir sie dahin, wohin sie zu bringen sind«, heißt es in Goethes *Wilhelm Meisters Lehrjahre.* Auch Frankl lag nichts ferner, als den Menschen zu verdinglichen, ihn auf ein »Nichts als« zu reduzieren: nichts als Nerven, Muskeln und Gewebe, nichts als ein Produkt aus Ängsten, Neurosen, Umweltbedingungen und einem genetisch vorgegebenen Charakter. Und nichts verdeutlicht diese Einstellung besser als jene Allegorie, die Frankl anlässlich eines Vortrags vor Studenten in Australien erzählt hat.* Er beschrieb seinen Fluglehrer, der ihm, als er mit siebzig Jahren noch den Flugschein erwarb, erklärte, dass er bei Seitenwind gegensteuern und seinen fiktiven Zielpunkt – in seinem Beispiel Norden, also oben auf der Kreidetafel – verlagern musste, um am gewünschten Zielort anzukommen. Genauso verhalte es sich mit dem Menschen: Wir müssten ihn als das nehmen, was er sein könnte, und

* Es war jener Vortrag, bei dem er seinen unverkennbaren österreichischen Akzent humorvoll wie folgt charakterisierte: »*I know I am speaking a marvellous accent without the slightest English.*«

nicht als das, was er ist. Oder wie Dostojewski sagte: »Einen Menschen zu lieben, meint, ihn so zu sehen, wie Gott ihn gemeint hat.«

Das ist nicht ein naiver Glaube an das Gute im Menschen und auch keine Anleitung zum positiven Denken im Sinne optimistischer Voreingenommenheit. Positiv zu denken wird zur kognitiven Verzerrung, wenn es notorisch unbegründet ist und als Bestätigungsfehler diejenigen Informationen ausblendet, die nicht die eigenen Erwartungen erfüllen.* Was Frankl meinte, ist das Gegenteil von Nihilismus: sich nicht den Umständen und dem Schicksal ergeben, sondern der unbedingte Glauben daran, dass der Mensch frei ist, sein Schicksal selbst zu gestalten. Zutreffend fragte er in einem Vortrag: »Wie sollte einer, der sein Schicksal für besiegelt hält, es besiegen können?«

Der Humanist Frankl offenbarte sich in diesen zwei Grundhaltungen: den Menschen unbedingt wertzuschätzen und es ihm zuzutrauen, ja es sogar zu erwarten, dass er in jeder Situation sein Schicksal gestalten kann, und zwar so, wie es ihm sein Gewissen gebietet. Der bessere Mensch braucht unser Wohlwollen, unser Vertrauen und unsere Zuversicht, dass er das Beste aus seinen Anlagen macht.

Die Menschen als das zu nehmen, was sie sein könnten, bedeutet demnach vor allem, ihnen zu vertrauen. Vertrauen in ihr Entwicklungspotenzial, das noch nicht ausgeschöpft ist. Vertrauen in die Bereitschaft, dieses Potenzial zu heben. Vor allem aber das gegenseitige Vertrauen, dass

---

* Barbara Ehrenreich weist in ihrem Buch *Bright Sided: How Positive Thinking is Undermining America* anhand der jüngeren amerikanischen Geschichte mit ihrer weitverbreiteten *Yes-We-Can*-Grundhaltung lesenswert nach, dass diese Einstellung Selbsttäuschung bedeutet und zu Massenillusion führt.

man es gut miteinander meint. Für Frankl war Vertrauen schließlich »das große Heilmittel für die seelische Not dieser Zeit«.

Auch das Arbeitsumfeld wird von nichts so sehr geprägt wie von Vertrauen. Der Wirtschaftswissenschaftler Fredmund Malik stellt in seinem Buch *Führen, Leisten, Leben* fest, dass man alles richtig machen kann, nach Lehrbuch führen, Ziele setzen, organisieren, kontrollieren, und trotzdem herrscht in der Abteilung oder in der Firma ein miserables Arbeitsklima. Umgekehrt gibt es Führungskräfte, die nach Lehrbuch alles falsch machen, und trotzdem sind ihre Abteilungen ein Hort zufriedener Mitarbeiter mit hoher Kreativität und Produktivität. Fehlt das Vertrauen, bewirken Maßnahmen zur Förderung der Unternehmenskultur und Motivation oft das Gegenteil und werden von den Mitarbeitern als »unehrlich, manipulativ und als eine besonders raffinierte Form des Zynismus empfunden«. Oder wie sagte Peter Drucker, der amerikanische Ökonom österreichischer Herkunft, so schön: »Die Kultur verspeist die Strategie zum Frühstück.«*

Hinsichtlich Frankls Werten im Umgang mit seinen Mitarbeitern – Werte, die »man nicht lehren, sondern nur vorleben kann« – ist nur wenig überliefert. Im Viktor-Frankl-Archiv finden sich aber doch ein paar hilfreiche Bemerkungen zum Thema Vertrauen im Arbeitsumfeld. So sagte er

* Der österreichische Ökonom, 1909 in Wien geboren und Spross einer großbürgerlich jüdischen Familie, gilt als einer der einflussreichsten Managementdenker aller Zeiten. Das »Führen durch Zielvereinbarungen« (*Management by Objectives*, kurz MbO) geht auf ihn zurück. In Deutschland wurden seine Bücher 1933 verbrannt. Im Strom des Aderlasses der Wiener Intelligenz in die Neue Welt ging er zuerst nach New York und dann an die Claremont Graduate University in der Nähe von Los Angeles.

anlässlich eines Interviews für *3M* aus den Jahr 1972 (wir erinnern uns, Mateschitz schloss zu dieser Zeit gerade sein Studium ab): »Aber vielleicht darf ich da, wenn Sie mir erlauben, eine Bemerkung machen: Immerhin waren es jetzt 25 Jahre, die ich die neurologische Poliklinik in Wien geleitet habe, und wenn Sie mich fragen, sozusagen als Dilettanten apostrophieren, wie ich es gehalten hab in meinem Umgang mit meinen Mitarbeitern, dann muss ich rückblickend sagen, ich habe zwei Prinzipien mir angeeignet, mir zurechtgelegt: Erstens einmal, ich habe meine Mitarbeiter immer fühlen zu lassen versucht, dass sie genauso auf ihrem Gebiet Spezialisten sind wie ich auf meinem engeren Fachgebiet und dass es quasi ein bloßer Zufall ist, dass ich der Chef bin und nicht sie. Es hätte genauso umgekehrt sein können. Und zweitens, ich hab ihnen beizeiten beigebracht, dass es eigentlich nur eines gibt, womit sie mir wirklich imponieren können, nur eines gibt, womit sie bei mir wirklich einen Stein im Brett haben können, dadurch, dass sie es immer und jederzeit wagen, mir ins Gesicht die kritische Wahrheit zu sagen, mir ihre Kritik nicht vorzuenthalten, weil ich ja schließlich darauf angewiesen bin.«

Was Frankl hier ansprach, sind zwei Prinzipien, ohne die es keine wertschätzende und vertrauensvolle Zusammenarbeit gibt. Im ersten liegt nicht nur die offensichtliche Wertschätzung für die Person des Mitarbeiters, sondern auch jene spezielle Kultur, die es erst ermöglicht, Erfolge gemeinsam zu feiern. Nichts ist einer vertrauensvollen Zusammenarbeit zuträglicher, als im richtigen Moment ein »*Wir* haben das geschafft« zu sagen, nichts abträglicher als am falschen Ort und zur falschen Zeit ein *ich,* wo doch eigentlich ein Plural oder sogar die dritte Person, also ein *wir,* ein *er* oder *sie* angebracht wäre. Daraus lassen sich ein paar einfache Regeln ableiten: Die Fehler des Vorgesetzten bleiben immer allein seine Fehler, der Erfolg des Mitarbeiters ist immer allein sein Erfolg. Der Fehler eines Mitarbeiters ist auch immer der Fehler des Vorgesetzten und der Erfolg des Vorgesetzten ist in der Regel der Erfolg der Abteilung.

Das zweite Prinzip, dem Vorgesetzten zu sagen, was Sache ist, erfordert zweierlei: seine Bereitschaft zuzuhören und den Mut, nach bestem Wissen und Gewissen für eine Sache einzustehen. Ohne Integrität beider Akteure wird ein solches Gespräch nicht stattfinden, muss doch der Mitarbeiter darauf vertrauen, dass sein Vorgesetzter die Informationen ernsthaft in Erwägung zieht und, wenn er sie für richtig hält, auch entsprechend handelt. Tut er das nicht, ist seine Integrität kompromittiert. Umgekehrt muss der Vorgesetzte darauf vertrauen können, dass der Mitarbeiter ihm die Wahrheit sagt oder es zumindest für seine Wahrheit hält, es also ehrlich meint. Macht er das nicht, will er vermutlich nur intrigieren, protegieren oder Politik machen und er verliert wiederum seine Integrität. Ohne Integrität beider Akteure kann es deshalb kein Vertrauen geben. Gibt es sie, ist aber schon sehr viel erreicht.

Letztlich kann es auch ohne Authentizität kein Vertrauen geben. Deshalb sind Interventionen, die die Persönlichkeit verändern wollen, ganz gleich ob Schulungen oder Coachings, so unnütz wie gefährlich. Aus einem kooperativen Manager soll und kann man keinen autoritären machen und umgekehrt. Manager haben Aufgaben zu erfüllen und keine Rollen zu spielen, weshalb ihr persönlicher Managementstil von untergeordneter Bedeutung ist, solange sie authentisch handeln. Umgekehrt kann es dort kein Vertrauen geben, wo nicht Aufgabenerfüllung und Leistung, sondern Beziehungen oder Intrigen im Vordergrund stehen und wo Hyper-Reflexion, also die permanente Beschäftigung mit sich selbst, ein Alles-Kontrollieren-und-Beabsichtigen, jedes Zuhören verhindert.

Herrscht eine solche Kultur in einer Beziehung oder Organisation, können alle Hindernisse überwunden werden. Umgekehrt sind ohne eine solche alle Anstrengungen umsonst. Es überrascht daher nicht, dass »bei exzellenten Firmen nichts häufiger zu spüren [ist] als die Achtung vor dem Einzelnen. Diese Grundhaltung ist allgegenwärtig. Behandle Menschen wie Erwachsene und behandle sie wie Partner. Behandle sie mit Würde und Achtung. Behandle sie nicht als Investitionen oder Automationen, sondern als die wichtigste Quelle von [Kreativität, Innovation und in der Folge letztlich auch der] Produktivitätssteigerung.«* Diese Unternehmen geben ihren Mitarbeitern nicht nur die Möglichkeit, ihr Schicksal selbst zu beeinflussen, sondern sie erwarten es von ihnen. Sie vermitteln den Menschen einen Sinn und ermöglichen es so, dass man »mit gewöhnlichen Menschen außergewöhnliche Ergebnisse« (Fredmund Malik) erzielen kann.

---

* Thomas J. Peters/Robert H. Waterman: *Auf der Suche nach Spitzenleistungen. Was man von den bestgeführten US-Unternehmen lernen kann.* Landsberg am Lech 1984.

Wie Red Bull die Rahmenbedingungen für Ideenreichtum und Kreativität setzt

> »Wenn du ein Schiff bauen willst, trommle nicht die Leute zusammen, um Holz zu sammeln, die Arbeit zu verteilen und Anweisungen zu geben. Lerne ihnen stattdessen, sich nach dem großen und unendlichen Meer zu sehnen.«
>
> ANTOINE DE SAINT-EXUPÉRY

Red Bull wurde, wie wir gesehen haben, zur globalen Marke, das Unternehmen immer mehr zum Konzern. Eine Organisation, die über Jahre hindurch zweistellig wächst, in manchen Jahren um dreißig, sechzig oder sogar hundert Prozent, bringt ganz eigene Herausforderungen mit sich, und so wurde im Headquarter fieberhaft an der Aufbau- und Ablauforganisation gearbeitet, um das Wachstum und die damit laufend notwendigen Organisationsanpassungen mit kaufmännischer Sorgfalt zu bewältigen. Eine *Ideal Organisation* für kleine, mittlere und große Länder wurde verabschiedet. Mateschitz bestand auf übersichtliche Organisationen und flache Hierarchien.

Für ihn waren vorrangig die Geschäftsführer in den Ländern für den Markenaufbau und den Umsatz verantwortlich. Referenz dafür blieben die ersten acht Jahre, in denen er in Österreich mit einer Handvoll Mitarbeitern und Partnern Red Bull eingeführt und erfolgreich gemacht hat. Auf Länderebene hatte die Planung inhaltlich und qualitativ zu erfolgen. *Bottom-up* mit den Marketingmaßnahmen, die erforderlich sind, um eine starke Marke zu bauen, die die Basis für das Umsatzwachstum ist. Ein rein *Top-down* geplantes Unternehmen, wie es oft bei börsennotierten

Firmen üblich ist, lehnte Mateschitz ab. Red Bull war und ist ein Unternehmen, das inhaltlich über die richtigen Aufgaben gesteuert wird und nicht Menschen und Finanzkennzahlen verwaltet. Im Zentrum stehen Ideen und nicht Gewinnmaximierung.

Die starken Länderorganisationen stehen einer zentralen Steuerung mit einem letztlich funktional verantwortlichen *Board of Directors* gegenüber. Wurde zwischen Ländern und *Board* oder im *Board* selbst ausnahmsweise kein Konsens gefunden, entschied Mateschitz. Das Headquarter ist für strategische Planung (Mateschitz) und *International Coordination* zuständig, hauptsächlich natürlich von Marketing und Sales. Finanz und *Operations* werden ebenfalls überwiegend zentral verwaltet, auch Recht und Personal sind klassische Stabsstellen im Konzern. Intuitiv folgte Mateschitz damit dem *Viable System Model* von Stafford Beers für effektive Organisationen. Die Produktion liegt wie bereits erwähnt bei Rauch ausgelagert, und die Produktionsplanung erfolgt in Fuschl.

Die Finanz verantwortet die klassischen Teilbereiche, wobei die Finanzplanung und das Controlling bei Red Bull tief in die Geschäftsabläufe einsteigen. Es kam nicht selten vor, dass seine Vorhersagen aufgrund der Erfahrung und Umsicht von Langzeit-CFO Walter Bachinger der Realität besser entsprachen als die Verkaufspläne der Linie. Die Finanzplanung trug deshalb nicht nur in der Periode der Expansion wesentlich zur Berechenbarkeit und Stabilität des Unternehmens bei.

Im Bereich der Ablauforganisation wurden Planungs- und Produktionszyklen festgelegt, Businessplanung, *First Revised Estimate* und *Second Revised Estimate* etabliert und SAP eingeführt. Vertragsmuster für den Vertrieb und die wichtigsten Geschäftsabläufe wurden erstellt. Das Berichtswesen und die Buchhaltung erfolgen nach den international anerkannten und einheitlichen Vorschriften *International Financial Reporting Standards* (IFRS) und *Generally Accepted Accounting Principles* (GAAP). Man ist stolz darauf, dass der Jahresabschluss immer schon Mitte Jänner vorliegt.

Ist es eine Ironie des Schicksals, dass im Lauf der Jahre entstanden ist, wovor Mateschitz Mitte der Achtzigerjahre geflohen ist, ein Weltkonzern mit strikten Regeln und Richtlinien? Oder gibt es doch noch einen Unterschied zwischen Red Bull und anderen Großkonzernen, eine spezifische Red-Bull-DNA? Und wenn ja, worin liegt sie?

Das Red-Bull-Spezifikum war und blieb in dieser Zeit sicher Mateschitz selbst. Mateschitz war durch und durch Unternehmer, er gestaltete und verfolgte seine Ziele beharrlich, bestimmt und unbeirrbar. Dabei überließ er nichts dem Zufall. »Red Bull war ja kein Testballon, sondern von der Stunde null an durchgeplant«, sagte er 2008 im Interview mit der *Zeit.* Er sei ein Macher-Typ, sagte der ehemalige Bürgermeister der Stadt Salzburg. Er habe untrüglichen Instinkt, und »wenn er etwas als richtig erkannt hat, dann zieht er es auch durch«, meint Eckart Witzigmann. Freunde nannten ihn »Didi«, im Unternehmen wurde der Oberbulle nach seinen Initialen »DM« genannt. Enge Mitarbeiter duzte er, während sie ihn auch noch nach Jahrzehnten respektvoll mit »Sie« anredeten. Wenn er jemanden dann trotzdem einmal siezte, wusste jener sofort, dass er mit etwas nicht einverstanden war.

Mateschitz vertraute sich selbst, seinen Fähigkeiten, er arbeitete rastlos, ja besessen mit dem Ziel vor Augen, und wie alle guten Unternehmer glaubte er vor allem daran, die Umstände positiv und zu seinen Gunsten verändern zu können. Von Anfang an sah er die Chancen und Möglichkeiten für sich und Red Bull und nicht die Hindernisse und Probleme. Red Bull ist dank dieser seiner Einstellung von Grund auf ein lösungsorientiertes Unternehmen, und wollte man von einer Bestimmung für die Firma sprechen, dann wäre es, die Dinge stets zum Besseren zu wenden. Dabei wurden und werden buchstäblich immer und immer wieder Grenzen verschoben.

Der selbstvergessene Weg des Kriegers (Castaneda) ist vor allem auch ein Weg in die Unabhängigkeit. Mateschitz liebte die Unabhängigkeit. Von sich selbst und von anderen. Er verlangte von sich und seinem Umfeld die Unabhängigkeit vom inneren Schweinehund, von den eigenen Schwächen, Zweifeln und Stimmungen, ganz nach dem Frankl'schen Motto, »dass man sich ja nicht alles von sich selber gefallen lassen muss«. Dazu noch maximale Unabhängigkeit von anderen, dem Geld der Banken, der gewerkschaftlichen Mitbestimmung von Mitarbeitern, ohne Verantwortung zu übernehmen, den bürokratischen Hürden von Politik und Verwaltung.

Trotz seines zunehmenden Erfolgs blieb Dietrich Mateschitz wertkonservativ und verlor nie die Bodenhaftung. Geld und Macht waren nie Selbstzweck, sondern immer nur Mittel zum Zweck. Nicht Gewinnmaximierung stand im Vordergrund, sondern Aufgaben und Ziele, die konsequent verfolgt wurden. In Finanzangelegenheiten agiert Red Bull bis heute vorsichtig und konservativ. Geld, das noch nicht eingenommen ist, wird auch nicht ausgegeben. Diese Haltung gebietet weder kleingeistige Sparsamkeit noch Profitgier, sondern garantiert die genannte Unabhängigkeit. Nicht Gewinne, sondern Handlungsspielräume werden durch diese Einstellung maximiert. Geld wird bei Red Bull auch nicht durch

Sparen erworben, sondern durch konsequente Reinvestitionen in die Marke und das Unternehmen. Die globale Expansion wurde mit im Unternehmen belassenen Gewinnen finanziert, und nicht mit Fremdkapital. Bereits verdientes Geld und damit vorhandene Mittel werden aber großzügig eingesetzt. Die globalen Marketingaktivitäten kosten viel Geld. »Aber Geld ist dazu da, dass man etwas damit macht«, sagte Mateschitz. Er mochte nicht ständig darauf angesprochen werden, wie viel etwas kostet. Auf die Kosten in der Formel 1 angesprochen, sagte Mateschitz: »Geld darf keine Rolle spielen, wenn du ein Ziel vor Augen hast.« Diese Einstellung war nicht Ausdruck mangelnder Umsicht und Zurückhaltung, sondern aus ihr sprach der unbedingte Wille zum Erfolg, den man sich leisten kann und muss. Freilich gilt auch, dass, wenn der Erfolg sich einstellt, in der Regel die Profite folgen. Deshalb vergisst »eine richtige Sparsamkeit […] nie, dass nicht immer gespart werden kann; wer immer sparen will«, so Theodor Fontane, »der ist verloren, auch moralisch«. Andererseits darf nie vergessen werden, dass es tausendmal schwieriger ist, etwas zu verkaufen, als zu kaufen und Geld auszugeben.

Die Willenskraft und der Gestaltungswille, mit denen Dietrich Mateschitz seinen Standpunkt vertrat, zogen sein Gegenüber unweigerlich in den Bann. Aber nicht nur natürliche und immer wertschätzende Autorität verschafften ihm Respekt, sondern auch seine Nichtaufgeregtheit und Souveränität. Gelassenheit spielte in der Welt von Mateschitz eine wichtige Rolle. Menschen, die immer nur von der Arbeit reden, waren ihm genauso suspekt wie Aktionisten, die gestresst und unter Leistungsdruck von einer Verpflichtung zur nächsten hetzen. Gelassenheit hilft uns, scheinbar Unwichtiges mit derselben Sorgfalt wie Bedeutendes zu tun.

Viktor Frankl und Dietrich Mateschitz teilten auch dieses Erfolgsgeheimnis, die kleinsten Dinge mit derselben Gründlichkeit zu machen wie die größten und die größten mit derselben Ruhe wie die kleinsten. Ob es darum ging, wie das Red-Bull-Logo auf einem Athletenhelm platziert wird oder wie wir unsere Vertriebswege in den USA gestalten, dem mit vier Milliarden Dosen in 2022 mit Abstand größten Einzelmarkt, Mateschitz hörte geduldig und aufmerksam zu und entschied mit derselben Sorgfalt. Er schob nicht auf, schloss die Lücken der Vorhersehbarkeit mit Erfahrung und höherem Kalkül und übernahm Verantwortung für seine Entscheidungen.

Man könnte diese Gelassenheit auch als ein Distanzhalten bezeichnen, ein Distanzhalten zu den Menschen als auch zu den Aufgaben. Mateschitz ließ sich nicht zu Ad-hoc-Meinungen und -Handlungen hinreißen, sondern er nahm Abstand, bildete sich zuerst eine Meinung, indem er innehielt, vielleicht auch mit dem einen oder anderen Beteiligten redete. Oft gelang es ihm dadurch, die Idee in dem Moment, in dem sie herangereift war und Gestalt angenommen hatte, in die Tat umzusetzen.

Mateschitz pflegte, wie ich es nennen würde, einen kooperativ-autoritären Führungsstil. Er war stets um Inklusion kompetenter und relevanter Meinungen und um einen Konsens bemüht. Wenn das nicht möglich war, suchte er aber nicht den Kompromiss, der oft ein fauler ist, sondern übernahm die Verantwortung und entschied allein und kompromisslos. Roland Concin, langjähriger Produktionschef, meinte einmal treffend, Mateschitz stehe zu dem, was er sage; »ein Wort von ihm, da fährt die Eisenbahn drüber, und das hält«.

Für eine sorgfältige Meinungsbildung waren ihm Fachwissen und Kompetenz wichtiger als Rang und Ansehen.

Wenn notwendig, übersprang er auch die Berichtslinie, die *Line of Command*. Jeder Manager sollte im Detail vorbereitet sein oder gleich denjenigen Mitarbeiter mitnehmen, der sich auskannte. Mateschitz erachtete es als Zeichen von Führungsstärke, wenn eine Führungskraft keine Angst vor exzellenten Mitarbeitern hatte und solche einstellte. Er schätzte fundierte kritische Kommentare und bezog diese in die Entscheidungsfindung ein, und man sollte sich nicht wundern, wenn er von solchen Analysen kaum überrascht wurde und nach genauer Kenntnis der Bedingungen so handelte, wie er es für richtig hielt. In der Verfolgung eines höheren Kalküls, das sich nicht immer augenscheinlich erschloss, behielt er oft recht. Änderte sich die Situation aber grundlegend oder hatte er neue Informationen, war er jederzeit bereit, einen noch vielversprechenderen Weg einzuschlagen. »Was hindert mich, heute gescheiter zu sein als gestern«, pflegte er dann zu sagen. »Aber wir haben doch vereinbart …«, konnte dann auch schon einmal mit »Wenn du gestern einen Fehler gemacht hast, machst du ihn dann heute nochmals?« gekontert werden. Dogmatisch theoretische Anführungen waren ihm ein Gräuel: »Das ist der Unterschied zwischen Marx und Murks«, was so viel bedeutete wie in der Theorie womöglich gut, in der Praxis aber ungeeignet. Als schnellen und flexiblen Denker quälten ihn Ausführungen über Selbstverständliches, und dem Unternehmen wollte er stets nur so lange vorstehen, »solange die Leute gescheiter rausgehen, als sie bei mir reinkommen«.

Expertise und Erfahrung von Mateschitz einzuholen, war Holschuld, und er erwartete, dass die Mitarbeiter auf ihn zugingen, wenn sie Rat und Hilfe brauchten. Das ist nicht selbstverständlich und erfordert selbstständiges Denken, Mut, Flexibilität, Selbstdisziplin und Charakter. Für Mitarbeiter, die von Unternehmen kommen, in denen starke Hierarchien, traditionelle Karrierepfade, exakte Prozesse und klare Systeme den Handlungsspielraum des Einzelnen stark einschränken, kann Red Bull schon einmal einen Kulturschock – die Unsicherheit der in Freiheit Entlassenen – auslösen.

Es war aber keine Schande bei Dietrich Mateschitz, etwas nicht zu wissen. Bei Ausreden und Ausflüchten war seine Geduld allerdings enden wollend – vor allem dann, wenn sie seine Intelligenz beleidigten. Mateschitz stellte an sich selbst und an seine Mitarbeiter hohe Ansprüche. Er verlangte Loyalität und Professionalität. Professionell bedeutete für ihn, dass man seine Aufgaben kennt, entscheidet und handelt (statt nur zu reden), dass man einen Beitrag leistet und sich nichts schenken lässt. Das Gegenteil sind Mitarbeiter, die die Firma als »Futtertrog« betrachten.

Mitarbeiter mit Ideen erhalten bei Red Bull einen breiten Spielraum und maximale Gestaltungsfreiheit, neue Mitarbeiter einen Vertrauensbonus. Ressourcen und Budgets werden großzügig zur Aufgabenbewältigung zur Verfügung gestellt mit dem Anspruch, über diese als Unternehmer zu verfügen und sich so zu verhalten, als handle es sich um das eigene Geld. Nie dürfen aber Bescheidenheit und Maßhaltung im Persönlichen mit Kleinlichkeit und Knauserei im Geschäft verwechselt werden. Diese Balance zu finden, ist nicht immer leicht. Die Versuchung ist groß, die Attribute der Marke Red Bull fälschlich auf die eigene Person zu beziehen. Auch wenn Red Bull in seiner Markenpersönlichkeit unberechenbar und nonkonformistisch ist, heißt dies keinesfalls, dass sich Mitarbeiter so verhalten müssen oder dürfen. Die Abwegigkeit dieses Gedankens wird deutlich, wenn man sich eine unberechenbare Finanzbuchhaltung oder eine nonkonformistische Rechtsabteilung vorstellt. Die Eigenschaften der Marke sind eben kein Kompetenzprofil für die Personalauswahl. Und genauso wenig dürfen großzügige Investitionen in die Marke vom Mitarbeiter als Einladung zu persönlicher Großmannssucht und Verschwendung missverstanden werden. Die Sache ist eben immer bedeutender als die Person, und ein gesunder Abstand zu uns selbst lässt uns unsere Grenzen leichter erkennen. Es war Mateschitz ein Anliegen, und immer wieder forderte er vom Management und der Personalabteilung ein, darauf zu schauen, dass die Leute bescheiden bleiben und sich nicht zu wichtig nehmen. Wurde Mateschitz selbst auf einen Coup angesprochen, antwortete er gerne: »Aber wir haben doch nur ein wenig geblödelt.«

Was den Red-Bull-Chef sicher am meisten charakterisierte, war sein unermüdliches Interesse für Menschen und Ideen. Tagtäglich besuchten ihn Athleten, Künstler, Mitarbeiter, Kunden und Geschäftspartner und versuchten, ihn für eine ihrer Ideen zu begeistern. Und Mateschitz liebte es, diesen Ideen, wenn sie denn zu Red Bull passten, Flügel zu verleihen. Als geduldiger Zuhörer war er immer auf der Suche nach dem Ungewöhnlichen, dem Unangepassten und der Marktchance. Damit war er der Innovationsmotor des Unternehmens. Ganz gleich ob es sich bei den Ideen um große wie um kleine Träume handelte, der Mensch und seine Aufgabe standen dabei im Vordergrund. Dafür ließ sich Mateschitz begeistern und inspirieren, und oftmals räumte er, sofern es in seiner Macht stand, Hindernisse aus dem Weg.

Mateschitz nahm sich Zeit, solange es eben brauchte, bis ein Traum erzählt war. Legendär waren deshalb die Wartezeiten, zu denen es regelmäßig vor einem Termin mit ihm kam, weil ihn eine Idee begeisterte. Nicht der Terminkalender, sondern die Erzählung bestimmte den Zeitplan. Tina Deutner, seine Assistentin, die bei fast allen Gesprächen dabei war, musste ihn dann immer sanft daran erinnern, dass unten im Hangar-7 – gleichsam *on hold* wie bei einer überfüllten Startbahn – weitere Gesprächspartner warteten. Wenn der Termin dann beendet war, sagte er gerne: »Tina, wer ist der Nächste?«

An dieser Stelle möchte ich ein paar Worte zu mir verlieren, zu meinem Werdegang bei Red Bull und der Wertschätzung, die ich hier im Unternehmen und von Dietrich Mateschitz erfahren habe. Es war im Spätsommer 1995, ich bereitete mich gerade auf die Anwaltsprüfung vor, als ich einen Anruf von Frau Köstlinger aus Salzburg bekam. Sie hatte mich schon einmal kontaktiert und mir eine Position bei der Salzburger Abfallbeseitigung angeboten, die ich aber dankend abgelehnt hatte. Damals, zu Beginn meiner Karriere, wollte ich unbedingt noch Anwalt werden. Sie sagte mir, dass sie jetzt die passende Position für mich hätte. Wir vereinbarten einen Gesprächstermin, und sie erzählte mir von Red Bull, der Expansion des Unternehmens und davon, dass die weltweiten Markenangelegenheiten und anstehenden Produktzulassungen von einem Juristen koordiniert werden sollten. Ich hatte nach meinem Studium der Rechtswissenschaften in Linz ein *Postgraduate*-Studium in Amerika gemacht und mich drei Jahre bei Gericht und als Anwalt versucht. Eine Anwaltskarriere schien unausweichlich, ich dachte mir damals jedoch, dass für einen gewissen Zeitraum eine *Inhouse*-Erfahrung in einem internationalen Unternehmen keinesfalls schädlich sei.

Es wurde daher in der nächsten Runde ein Gespräch mit der Firmenleitung vereinbart. Am nächsten Montag um acht Uhr morgens saß ich in Fuschl am See Dietrich Mateschitz gegenüber, er sportlich gekleidet und mit Dreitagebart, ich etwas unpassend mit Anzug und Krawatte. Nach dem Gespräch war Red Bull nicht mehr nur eine Möglichkeit für mich, sondern ich wollte den Job unbedingt. Weitere Gespräche mit den *Headcoaches* und *Quarterbacks* folgten. Die beiden *Headcoaches* Hans Peter Vriens und Norbert Kraihamer waren ein Jahr vorher zu Red Bull gekommen. Kraihamer war von Salomon gewechselt und die rechte Hand von Mateschitz. Er kümmerte sich um Frankreich und England sowie alle koordinativen Aufgaben. Vriens war von Procter & Gamble gekommen und führte das restliche Marketing- und Sales-Team. Die *Quarterbacks* Manfred Hückel, Markus Krebs und Markus Pichler kümmerten sich als Offensivkräfte und Markenbotschafter um die Expansion in den einzelnen Ländern, damals überwiegend mit der Hilfe von Vertriebshändlern.

Vriens favorisierte einen deutschstämmigen spanischen Anwalt für die offene Position, bei der damals üblichen Abstimmung der Führungskräfte mittels Heftklammern – drei Heftklammern bedeuteten eine unbedingte Zustimmung zum Kandidaten (»Wenn-der-nicht-kommt,-gehe-ich«), zwei Heftklammern signalisierten Einverständnis und eine Heftklammer bedeutete unbedingte Ablehnung (»Wenn-der-kommt,-gehe-ich«) – setzte ich mich jedoch offensichtlich durch. Auch Vriens dürfte mir zwei Klammern gegeben haben. Er blieb noch bis 1999 im Unternehmen. Mateschitz hatte begründete Zweifel, was den Kandidaten aus Spanien anging, und wie sich bei einer kurzen Zusammenarbeit mit ihm für den spanischen Markt wenige Wochen später herausstellte, zu Recht.

Mit Veröffentlichung dieses Buches (2023) bin ich seit fast dreißig Jahren für Red Bull tätig, und wann immer ich in dieser Zeit ein berufliches Anliegen hatte, konnte ich mir der vollen Aufmerksamkeit von Dietrich Mateschitz sicher sein. Und in den seltenen Fällen, in denen ich eine persönliche Bitte hatte, bekam ich sofort seine Unterstützung angeboten. Das gleichsam gesteigerte Aufmerksamkeitsniveau war dann physisch zu beobachten: Es ging ein Ruck durch seinen Körper, und Mimik und Haltung schalteten sofort und unbewusst auf aktives Zuhören. So zum Beispiel, als meine älteste Tochter sich zum dritten Mal das Schlüsselbein brach und eine komplizierte Operation notwendig war. Mein Ersuchen, den Schulterspezialisten Prof. Herbert Resch von der von Red Bull unterstützten Privat Medizinischen Universität um Rat und Tat bitten zu dürfen, wurde ohne Zögern beantwortet: »Selbstverständlich, Volker. Dafür ist er da.«

Natürlich kam es in meiner Red-Bull-Zeit auch vor, dass ich ihn enttäuschte. Die ein oder zwei Mal waren nie rasch vergeben und vergessen, sondern wie Wunden, die nur schwer heilen und deren Narben auch noch nach Jahren sichtbar sind. Grobe Vertrauensverstöße können ohnehin nicht wie in einer privaten Beziehung verziehen werden, sondern müssen aus spezial- und generalpräventiven Gründen im Unternehmen sofort und konsequent geahndet werden.

Gewiss, auch Dietrich Mateschitz hatte Fehler und Schwächen. So sagte er von sich selbst, dass »die wirkliche Durchführung nie meine Stärke« war. Dazu habe er ohnehin sein *Board of Directors*, seine Abteilungs- und Projektleiter, deren »Charakter und Kompetenz außer Frage stehen«. Zu Walter Bachinger meinte er einmal verschmitzt und im Vertrauen: »Du darfst mir nicht alles glauben, was ich sage«, und meinte damit, dass er sich schon einmal in der Hitze des Gefechts zu Aussagen hinreißen ließ, die er dann zur genaueren Überprüfung uns überließ. Des Weiteren war er wenig kompromissbereit, pflegte Vorurteile und war nicht immer pünktlich. Auch als Mensch baute er gerne eine Aura um sich auf, wie er es schon zuvor bei der Marke getan hatte. Ich denke, der Außenwelt steht darüber kein Urteil zu. Wer ohne Fehler ist, der werfe den ersten Stein. Und dann sind unsere Schwächen oft unsere größten Stärken. Konsensorientiert, entscheidungsstark und immer der Aufgabe verpflichtet, war Mateschitz zwar nicht als Mensch fehlerfrei, aber als unternehmerische Institution.

Eine Nachfolge im engeren Sinn kann es für ihn nicht geben. Wie bei anderen Unternehmen von Weltrang, an deren Spitze ein nicht nur äußerst charismatischer Visionär steht, sondern ein genialer Gründer und Innovator – ich denke beispielsweise auch an Steve Jobs bei Apple –, so ist es auch bei Red Bull nicht vorstellbar, den kosmopolitisch-traditionsbewussten Individualisten Dietrich Mateschitz eins zu eins zu ersetzen. Wenn ich früher nach Nachfolgeplänen für eine Zeit nach Mateschitz gefragt wurde, antwortete ich stets: Man kann nur hoffen, dass er dem Unternehmen noch lange erhalten bleibt. Was danach kommt, wird man sehen müssen. Jetzt, nach seinem Tod, lautet meine Antwort: Wir werden versuchen, Red Bull in seinem Sinn und Geist so lange wie möglich weiterzuführen. Dies wird auch von den Gesellschaftern vorbehaltlos unterstützt, wofür ihnen Dank und Anerkennung gebührt.

Die Institution Dietrich Mateschitz ist maßgebend, dass Red Bull von Anfang an ein sinn- und wertorientiert geführtes Unternehmen war und dies noch immer ist. Ein Unternehmen, das Menschen wertschätzt und nicht nur als Produktionsfaktor, sondern im Sinne Frankls als Quelle von Kreativität und Innovation betrachtet.

Menschen und ihren Ideen Flügel zu verleihen, übt eine fast schon ansteckende Anziehungskraft auf all diejenigen aus, die Ideen verwirklichen wollen und in Red Bull einen Partner sehen. Das Unternehmen ist auf diese Weise zum *Home of Excellence*, zur Heimat von Spitzenleistung, geworden. Den zahlreichen Leistungsträgern unter den Red-Bull-Athleten, -Künstlern, -Mitarbeitern und -Partnern ist dabei eines gemein: Sie haben freiwillig und selbstständig eine große Aufgabe übernommen, mit viel Fleiß ihre Talente zu Stärken geformt und in dieser Aufgabe im Sinne Frankls ihren Lebenssinn gefunden. Die Umsetzung dieser Grundgedanken, der Dreiklang aus Wertschätzung, Innovation und Erfolg, ist nur innerhalb eines attraktiven Unternehmens möglich, bei dem letztlich die einzelnen Menschen im Vordergrund stehen. Red Bull traut ihnen zu und vertraut ihnen, dass sie ihre spezifischen, selbst gewählten, individuellen Aufgaben erfüllen.

Damals, im Bewerbungsgespräch, konnte ich nicht ahnen, wie nachhaltig mich Dietrich Mateschitz und das Unternehmen Red Bull prägen würden. Heute, Jahre später, bin ich dankbar für die Chancen, die er mir geboten hat, bei Red Bull das zu tun, was meinen Interessen und Fähigkeiten am besten entspricht. Heute weiß ich auch, dass ich im Anwaltsberuf nicht so glücklich geworden wäre und meine Potenziale nicht voll ausschöpfen hätte können. Am Ende unterstützte er mich auch noch bei meinen unternehmerischen Ambitionen in der Immobilienverrentung deaurea. Als ich ihm dazu ein bankenfinanziertes Konzept vorstellte, meinte er nur, dass ihm die Idee gefalle und ich dazu keine Bank brauchen würde. Er hat mir kurzerhand die Finanzierung zugesagt. Letztlich bin ich Dietrich Mateschitz aber am meisten dafür dankbar, dass er meine Arbeit wertschätzte und mir und der Arbeit meiner Kollegen in den beiden Abteilungen Personal und Recht vertraute.

4 PARADOXE INTENTION

» Ich muss mir nicht alles von mir selber gefallen lassen. «

VIKTOR FRANKL

Das Überleben wird beim Menschen seit jeher durch eine gesunde Portion Angst gesichert. Es waren tendenziell die Ängstlichen, die überlebten, während die (Über-)Mutigen und (Hyper-)Aggressiven durch die Selektion der Natur oder durch Elimination durch ihre Stammesgenossen ausstarben. Eine gesunde Portion Angst lässt uns wachsam sein. Einmal nicht wachsam zu sein, konnte in der Anfangszeit der Menschheit genauso tödlich sein wie nicht ritualisierte und von der Norm abweichende Aggression. Im ersten Fall schlug der Säbelzahntiger zu, im zweiten machten die Stammesbrüder kurzen Prozess. Angst ist unser ständiger Wegbegleiter, und Ängste wurden über Millionen von Jahren Entwicklungsgeschichte von Generation zu Generation weitergegeben. Urängste wie die vor Schlangen oder Spinnen werden nicht erlernt, sondern tradiert. Angststörungen können veranlagungsbedingt sein oder durch traumatische Kindheitserlebnisse verursacht werden. Eine Panikattacke bedeutet ultimativen Kontrollverlust, die Fähigkeit, mit der Umwelt zu interagieren, geht verloren, und der Mensch wird auf sich selbst und seine Urängste zurückgeworfen. Um ein normales und selbstbestimmtes Leben führen zu können, müssen wir unsere Ängste kontrollieren, um Heroisches leisten zu können, sie überwinden.

Der Kletterer und Alpinist Viktor Frankl litt an Höhenangst. Schon früh war deshalb für ihn die Überwindung der Angst eine Voraussetzung für ein sinnerfülltes Leben. Als Jugendlicher, als ihn sein Freund zum ersten Mal zum Klettern an der Mizzi-Langer-Wand im Wienerwald mitnahm, bemerkte er seine Angst. Als er auf der 266 Meter hohen Wand stand, wurden ihm die Knie weich, und er musste sich zwingen, hinunterzuschauen. Frankl zwang sich von da an immer wieder dazu, in die Berge zu gehen und seine Angst zu überwinden. Er nahm damit ganz intuitiv Jahrzehnte der psychotherapeutischen Intervention bei Angststörungen vorweg, indem er sich der Situation, die die Angst auslöste, immer wieder stellte. Als er später gefragt wurde, was ihn zum Klettern gebracht hatte, sagte er: »Offen gesagt, die Angst davor.«

Frankl ging noch weiter, er forderte seine Patienten dazu auf, sich das herbeizuwünschen, wovor sie Angst hatten, und zwar so übersteigert, dass die Situation ins Lächerliche kippte. Eine Studentin, die unter Nervosität litt und die aufgeregt in seiner Sprechstunde erschien, forderte er auf, noch nervöser zu sein. Die Patientin versuchte es, Frankl war jedoch nicht so leicht zufriedenzustellen. »Noch nervöser«, forderte er. Da fing sie zu lachen an, und die Nervosität war weg. Einen Patienten, der an Agoraphobie litt, bat er, sich vorzustellen, er würde tot umfallen, wenn er auf die offene Straße trete, so wie eigentlich alle Personen vor ihm tot umgefallen waren, die das gewagt hätten. Ein anderer sollte sich vorstellen, er würde sofort ersticken, wenn er den Aufzug benutzte und stecken bliebe. »Paradoxe Intention« bedeutet, sich der Angstsituation zu stellen und sie ins Lächerliche zu ziehen. Dadurch wird man stärker als seine Angst, lernt sie zu überwinden und ist ihr nicht mehr hilflos ausgeliefert.

Den Tod vor Augen zu haben, bedeutet nicht nur eine Übersteigerung, sondern man kann ihn wie Don Juan Matus auch als Ratgeber herbeiziehen. Seine Handlungen im Bewusstsein der eigenen Vergänglichkeit zu treffen, gibt diesen eine ganz andere Bedeutung. Im Bewusstsein der Endgültigkeit und Unwiderruflichkeit müssen alle Entscheidungen, ob wichtig oder unwichtig, groß oder klein, gründlich getroffen werden. »Für gewöhnlich sieht der Mensch nur das Stoppelfeld der Vergänglichkeit; was er übersieht, sind die vollen Scheunen der Vergangenheit. Im Vergangensein ist nämlich nichts unwiederbringlich verloren, vielmehr alles unverlierbar geborgen«, sagte Viktor Frankl.

Je mehr wir uns unserer Bedeutungslosigkeit im Zeitenlauf gewahr sind, desto wichtiger wird die Summe all unserer Entscheidungen für unser Leben. So schrieb Viktor Frankl: »Wer im Großen und Ganzen das Seine getan hat, fürchtet den Tod nicht. Nur wer falsch gelebt hat, sieht im Tod irrtümlich die gerechte Strafe, der man nicht entgehen kann. Man soll so leben, dass man auf Erden mit dem Tod gut Freund wird.« Der Tod gehörte für ihn ganz klar zum Leben. Eine explizite Verbindung zum Extremsport lehnte er ab, auch wenn in der Extremkletterei Situationen zwischen Sein und Nichtsein nichts Ungewöhnliches sind. Frankl ging nicht in die Berge, um »ein am Tod provoziertes Leben« (Gottfried Benn) zu führen oder um besser als andere zu sein. »Der Alpinist konkurriert und rivalisiert nur mit einem, und das ist er selbst. Er verlangt etwas von sich, er fordert etwas von sich, eine Leistung womöglich, aber auch eine Verzicht-Leistung«, schrieb er in *Bergerlebnis und Sinnerfahrung.*

Für Frankl war die Überwindung seiner Höhenangst eine Übung zur Schärfung der »Trotzmacht des Geistes«, und das Klettern auf seinem »Lebensberg«, der Rax, wurde ihm zum Salz des Lebens: »Muss man sich denn auch alles von sich gefallen lassen? Kann man nicht stärker sein als die Angst? Und so habe ich denn auch mich, als ich mich vor dem Klettern fürchtete, gefragt: Wer ist stärker, ich oder der Schweinehund in mir? Ich kann ihm ja auch trotzen. Es gibt doch etwas im Menschen [...] die Trotzmacht des Geistes gegenüber Ängsten und Schwächen der Seele.« Um an die Grenzen des Möglichen zu gelangen, muss man Verzicht üben, sich Stress aussetzen, gesund erhaltendem Stress, wenn notwendig auch krank machendem, Verzicht muss geübt und Ängste und Schwächen müssen überwunden werden.

»Im Gegensatz zum, biologisch gesehen, im Schongang lebenden Menschen wählt der Kletterer im Gebirge nicht ›den Weg des geringsten Widerstands‹, sondern zieht es vor, auf einer Klettertour sich die schwierigste Route auszusuchen, der er gerade noch gewachsen ist.« Im Leben wie auch in der Kletterei gilt es, die Grenzbedingungen des gerade noch Menschenmöglichen auszuloten. »Und siehe da: Es ergeht ihm dabei so wie mit dem Horizont; denn mit jedem Schritt, den er auf ihn zugeht, weicht der Horizont vor ihm zurück; in dem Maße, in dem er sich ihm nähert, schiebt er ihn auch schon vor sich her; er schiebt ihn immer mehr hinaus – ganz genau so, wie er etwa in der Geschichte des ›extremen‹ und ›freien‹ Kletterns die Grenze des Menschenmöglichen hinausgeschoben hat. Indem er diese Grenze aber immer wieder hinausschiebt – wächst er auch über sich selbst hinaus ...«

Wie Red Bull Grenzen auslotet und über sich hinauswächst

> »Not bad for a beverage company!«
>
> LEWIS HAMILTON

Bei Viktor Frankl spielte der Sport im Allgemeinen eine nicht unwesentliche Rolle innerhalb der Wertmaxime Sinnhaftigkeit und Aufgabencharakter des Lebens, aber eben auch innerhalb der Methode der Paradoxen Intention. Auch Red Bull ist seit jeher dem Sport eng verbunden, und ganz im Sinne Frankls hat es damit zweierlei Bewandtnis: Natürlich geht es auf der einen Seite darum, Ängste zu überwinden und Grenzen auszuloten. Auf der anderen Seite geht es aber auch darum, den »Weg aus der Durchschnittsfalle« zu finden und dem, was man tut, einen Sinn zuzuordnen.

Das Marketing von Red Bull setzte früh neue Maßstäbe. Immerhin musste ein innovatives Produkt erst einmal bekannt gemacht und beworben werden. *Brand Love,* die Identifikation mit der Marke, war mindestens genauso wichtig wie *Can Love,* die Wertschätzung der Dose. Wenn die Wirkung das Fundament für den durchschlagenden Erfolg des Getränkes Red Bull ist, dann ist die Erfindung des *Content Marketing* für die Marke Red Bull die darauf errichtete Kathedrale.

Der Durchbruch kam buchstäblich über Nacht. Formel-1-Fahrer Gerhard Berger war der erste Red-Bull-Motorsportathlet. Als Mateschitz ihn fragte, was das Sponsoring einer Trinkszene kosten würden, sagte Gerhard Berger in seiner offenen Tiroler Art: »Didi, des kanscht da nit leisten.« Nach einer sportlich schwierigen Saison im Jahr 1989, bei der Gerhard Berger häufig wegen technischer Mängel seines Ferraris ausgeschieden war und sich in Imola verletzt hatte, gewann er gegen Ende der Saison den Großen Preis von Portugal. Nach dem Sieg wurde er in der Totalen gegen die untergehende Sonne gefilmt, als er eine Dose Red Bull trank. Am nächsten Tag war Red Bull in ganz Österreich ausverkauft. Gerhard Berger und Dietrich Mateschitz verband seitdem eine enge Freundschaft und eine gemeinsame Logistikfirma.

Für die beiden Motorsport begeisterten Freunde Dietrich Mateschitz und Chalerm Yoovidhiva hatte die Formel 1 immer schon eine besondere Anziehungskraft gehabt. Noch vor der Gründung von Red Bull, als Mateschitz noch für Blendax arbeitete und der spätere Gesellschafter und Partner Chalerm T. C. Pharmaceuticals Co. Ltd.-Vertriebshändler von Blendax in Thailand war, träumten die beiden davon, sich eines Tages ein Formel-1-Team leisten zu können, als Sponsor oder vielleicht sogar als Eigentümer.

Die Trinkszene in Portugal und ihr durchschlagender Erfolg bestärkten Mateschitz darin, dass die Formel 1 die richtige Vermarktungsplattform für Red Bull sei. Weltweit erzeugte sie den höchsten Werbedruck, und keine andere Veranstaltung erreichte vergleichbare Bruttoreichweiten innerhalb des für Energy Drinks besonders interessanten Zielgruppenpotenzials. Gemessen an den erzielten Kontakten, die ein Sponsoring in der Königsklasse des Motorsports in der Zielgruppe erreichte, gab es kein wirksameres Werben.

Sechs Jahre und etliche Millionen verkaufte Dosen später wurde der Traum wahr: Red Bull konnte sich die Mehrheitsanteile und das Hauptsponsoring bei Sauber Motorsport leisten. In den nächsten zehn Jahren wurde der internationale *Rollout* der Marke durch das Formel-1-Engagement bei Sauber und ab 2001 auch bei Arrows unterstützt. Red Bull hatte zwar mit Sauber einen soliden Partner, wollte aber mehr als Mittelfeldpositionen erreichen. Auch hatte man im Team von Sauber operativ keinen Einfluss. Deshalb wurde ab 2002 mit Tom Walkinshaw ein Einstieg bei dessen Arrows-Team verhandelt. Das Scheitern dieser Verhandlungen bedeutete das endgültige Aus für Arrows. 2004 entschied sich Ford nach vier erfolglosen Jahren in der Formel 1, sowohl die Cosworth Motorenfabrik in Northampton als auch das Jaguar Racing Team in Milton Keynes zu verkaufen. Die Verhandlungen zur Übernahme erfolgten unter Zeitdruck, da Ford auch die sofortige Schließung des Werkes in Betracht zog. Letztlich war die Übernahme des Teams samt Fabrik in Milton Keynes für Ford und Red Bull eine Win-win-Situation. Ford konnte Schließungskosten in zweistelliger Millionenhöhe vermeiden, und Red Bull erwarb ein vollwertiges Formel-1-Team samt Konstruktionsfirma, und zwar ohne unkalkulierbare Schuldenposten, wie es bei Arrows der Fall gewesen wäre.

Mateschitz war sich von Anfang an bewusst, dass nicht der Kaufpreis, sondern das Aufholen des Investitionsrückstands und die laufenden Finanzierungskosten für Team und Fabrik entscheidend sein würden, wenn man den Anspruch stellte, um die Weltmeisterschaft mitzufahren. »Das Günstigste in der Formel 1 ist der Kauf des Teams«, pflegte er in diesem Zusammenhang zu sagen. Das galt umso mehr, als Red Bull kein Manufaktur-Team, also kein Motorenhersteller, war und deshalb auch keine Entwicklungskosten auf die allgemeine Fahrzeugherstellung umlegen konnte.

Nach der Übernahme wurde konsequent in Personal und Technik investiert. Als Teamchef holte Motorsportverantwortlicher Helmut Marko, respektvoll »der Doktor« tituliert (Marko ist promovierter Jurist), Christian Horner, den er bereits aus seiner Formel-3000-Zeit kannte. Ein Jahr später konnte auch Adrian Newey als Motorsportingenieur verpflichtet werden. Es ist wohl diesem »Designguru« zu verdanken, dass Red Bull Racing 2010 die erste von bislang fünf Konstruktionsweltmeisterschaften buchstäblich eingefahren hat.*

Um jungen Fahrern eine adäquate Ausbildungsmöglichkeit zu geben, ging 2006 aus dem Minardi-Team die Scuderia Toro Rosso, jetzt Alpha Tauri, in Faenza als Rookie-Team hervor. Bevor der von Red Bull seit seiner Kartsportzeit unterstützte Sebastian Vettel 2009 von Red Bull Racing verpflichtet wurde, konnte er im Cockpit von Toro Rosso sein herausragendes Talent perfektionieren. Mit Red Bull Racing gewann Vettel ab 2010 vier Weltmeistertitel. Das rang sogar Lewis Hamilton das besagte *»Not bad for a beverage company«* ab. Dietrich Mateschitz war zu Recht stolz auf die Leistungen seiner Teams.

Wenn wir über Red Bull und Sport sprechen, können wir den Fußball nicht außen vor lassen. Wie die beiden Formel-1-Teams Red Bull Racing und Scuderia Alpha Tauri sind auch die meisten Fußballvereine teilweise Kapitalbeteiligungen und somit Vermögensanlagen, die Red Bull immer öfter vornimmt, um Projekte besser steuern und gestalten zu können.

Zum Fußballverein RB Salzburg gehört auch die Red Bull Akademie in Salzburg-Liefering. Im Osten von Salzburg, dort wo Salzach und Saalach zusammenlaufen, am sogenannten Saalachspitz, ist ein großes, zusammenhängendes Augebiet, in dem man im Frühjahr Morcheln finden kann. Das Ge-

* Sein Leben und im Speziellen seine Zeit bei Red Bull lassen sich eindrucksvoll in der 2018 erschienenen Autobiografie *Wie man ein Auto baut* nachlesen.

heimnis, wo genau sie zu finden sind, wird von Generation zu Generation weitergegeben und besser gehütet als das – mittlerweile ohnehin löchrige – Schweizer Bankgeheimnis. Dort befand sich seit Mitte der Sechzigerjahre auch die Salzburger Trabrennbahn, nachdem die Gründe am Standort Rennbahnstraße in Parsch der Stadterweiterung hatten weichen müssen. Wo einst die Traber trabten, steht seit 2014 auf dem dreizehn Hektar großen Areal die Red Bull Fußball und Eishockey Akademie mit sieben Fußballplätzen, zwei Eishallen, einer Multifunktionshalle, einem Motorikpark, einer Kraftkammer, einem Athletikraum, einem Wellnessbereich und einem Internat. Die Akademie bietet jeweils 200 Fußball- und Eishockeytalenten Trainingsmöglichkeiten auf allerhöchstem Niveau. Neben den Jugendmannschaften trainiert auch der FC Liefering am Standort.

Der Errichtung waren Diskussionen vorangegangen, ob es sinnvoll sei, in eine Akademie für Nachwuchsförderung Millionen zu investieren. Der Nachwuchsförderung für die Mannschaften, insbesondere dem Wohnungswechsel und der vertraglichen Bindung von Jugendlichen, sind aufgrund der Verbandsvorschriften enge rechtliche Schranken gesetzt. Man konnte daher durchaus die Meinung vertreten, dass die Mittel besser im Scouting und Abwerben von Talenten von anderen Vereinen und im Bezahlen hoher Gehälter investiert wären. Am Ende der Diskussion, bei der sowohl die Rechts- als auch die Finanzabteilung glaubten, ihre Warn- und Schutzpflichten erfüllen zu müssen, entschied sich Dietrich Mateschitz für den Bau der Akademie mit den Worten, es ginge hier nicht ausschließlich um finanzielle Fragen, sondern auch um nachhaltige Talentförderung. Heute macht die Akademie nicht nur in Sachen Talentförderung, sondern auch wirtschaftlich Sinn.

Der Erfolg von FC und EC Red Bull Salzburg, aber auch der von RB Leipzig ist zu einem wesentlichen Teil dem Nachwuchs aus der Akademie geschuldet, der sich Jahr für Jahr in den Kampfmannschaften beweisen will. Das Ausbildungskonzept ist durchgängig. Die Spielphilosophie wird schon von den Jugendmannschaften verinnerlicht. Die Ausbildung der Eishockey-Rookies mit ihrem Motto *Speed and Skill* ist dabei um ein Vielfaches härter als jene der Fußballer. Es bleibt zu hoffen, dass sich Letztere daran ein Vorbild nehmen. Großen Wert legt man auch auf die schulische Ausbildung, im Spitzensport braucht es Geist und Körper. »51 Prozent Schule, 49 Prozent Sport«, heißt es daher an der Akademie.

Einen besonderen Stellenwert im Ausbildungskonzept in der Sparte Fußball hat der FC Liefering inne. Er nimmt am Wettbewerb in der zweithöchsten österreichischen Spielklasse teil und ist damit das Bindeglied zwischen den Akademiemannschaften und den Teams. Hier lernen die U18- und U19-Talente früh, sich gegen Erwachsene durchzusetzen. Als die Bundesliga die Amateurmannschaften von Red Bull Salzburg und Austria Wien 2008 wegen einer Reduzierung von zwölf auf zehn Mannschaften aus dem Wettbewerb ausschloss, erteilte Mateschitz ohne Zögern den Auftrag, umgehend wieder ein Farmteam im Erwachsenensport der zweithöchsten Spielklasse zu schaffen. Das gelang erst 2012 mit dem Aufstieg des FC Liefering, der aus dem USK Anif hervorging.

Die Mannschaften spielen ein attraktives Pressing, das nur mit jungen und ehrgeizigen Spielern perfekt umgesetzt werden kann. Seit »Professor« Ralf Rangnick diese Fußballphilosophie durchgängig verankert hat, verleiht Red Bull seinen Mannschaften nicht nur Flügel, sondern einen Titel nach dem anderen. Zu Hause zu dominieren und international zu überraschen, lautet der Auftrag. Auch RB Leipzig hat sich inzwischen auf den vorderen Plätzen der Deutschen Bundesliga etabliert und gewann zweimal aufeinanderfolgend den DFB-Pokal, 2022 und 2023.

Dabei galt Fußball bei Red Bull lange aufgrund der Akteure und des Umfelds als wenig attraktiv und markenadäquat. Mateschitz meinte gar, er wolle sich entmündigen lassen, wenn er sich in diesem Spiel für die Massen engagiere. Kein Wunder bei den gewaltbereiten und radikalisierten Hooligans, die normale Fans wie sportbegeisterte Kinder und Familien vom Stadionbesuch abhielten, ferner den Funktionären, denen es mehr um Selbstdarstellung als um den Sport ging, und den Spielertransfers und den Spielergehältern, die aus Schwarzgeldkassen finanziert wurden. Auch die Korruption in den Verbänden machte regelmäßig Schlagzeilen. Es war daher nicht abwegig, im Fußball keinen Sympathieträger für die Marke Red Bull zu sehen. Viele waren deshalb überrascht, als Fußball »von heute auf morgen« für Red Bull salonfähig wurde. Auch für viele Mitarbeiter war es eine Überraschung, als die am Rande der Insolvenz stehende Austria Salzburg zu Red Bull Salzburg wurde.

Der Anlass zum Einstieg war die triste Lage der Salzburger Austria Mitte der Zweitausenderjahre. Der Verein hatte sich nach sportlichen Erfolgen in den Neunzigerjahren finanziell übernommen, und es drohten 2005 Abstieg und Konkurs. Der Präsident der Austria, Rudolf Quehenberger, hatte Mateschitz schon mehrfach gefragt, ob Red Bull nicht als Hauptsponsor einsteigen wolle, doch Mateschitz hatte jedes Mal dankend abgelehnt. Als 2005 die Situation aufgrund der Überschuldung des Vereins dramatisch geworden war, übernahm Red Bull die Verantwortung und stellte den Verein durch sein Sponsoring auf eine neue, gesunde Basis.

Das verhinderte in Salzburg ähnliche Entwicklungen, wie sie Fans, Funktionäre und Politiker in Innsbruck, Graz und Klagenfurt hatten erleben müssen, einschließlich eines hoch subventionierten und zeitweise verwaisten EM-Stadions in Kärnten: Dort wurden auch Kunstprojekte verwirklicht, und auf dem Spielfeld wuchsen Bäume.

Der Einstieg in Salzburg war zwar anlassbezogen, jedoch grundsätzlicher Natur. In den ersten Jahren wäre das Sponsoring von Fußball als Massensport neben der Formel 1 finanziell schwer zu stemmen gewesen, und die Athleten der Extremsportarten gaben bessere Imagebilder für das Unternehmen ab. 2005 hatte sich Red Bull aber von einem Nischenprodukt zum drittgrößten Getränkehersteller weltweit entwickelt. In Österreich wurden bereits mehr Energy Drinks als Cola-Dosen verkauft. Entscheidend war jedoch, dass eine Analyse des europäischen und internationalen Fußballs nahelegte, dass Red Bull auch im Fußballumfeld richtig positioniert werden könnte. Fußballklubs und Spieler agieren zunehmend strategisch und verfolgen eine Spielphilosophie. Trainer wie Pep Guardiola, Ralf Rangnick, Jürgen Klopp und Thomas Tuchel sowie Spieler wie Lionel Messi, Neymar oder Leroy Sané setzen sportlich, aber auch intellektuell neue Maßstäbe. Fußballklubs wie Manchester City, Barcelona und Bayern München sind zu globalen Marken aufgestiegen. Die Einnahmen aus Fernsehgeldern, Merchandising und Sponsorings werden in Spieler und Infrastruktur investiert, wovon letztlich der Fußballfan profitiert. Ein Stadionbesuch ist somit nicht mehr nur für eingeschworene Fußballfans, sondern auch für eine breitere Schicht von Sportbegeisterten spannend und kann zum Familienerlebnis werden. Voraussetzung dafür ist, dass man sich von der gewaltbereiten Hooligan-Szene konsequent abgrenzt. Verfolgt man diesen Ansatz, eröffnen sich neue Gestaltungsmöglichkeiten, die den Fußball auch für Red Bull interessant machen. Oder wie Mateschitz sagte: »Aber die Zeit war reif, jetzt auch Fußball zu machen.«

Intensiv diskutiert wurde, ob sich Red Bull auch in einer der großen Ligen engagieren sollte. Die Österreichische Bundesliga hatte zwar den Vorteil, dass man sich aufgrund der Ligastruktur jedes Jahr mit hoher Wahrscheinlichkeit für die Wettbewerbe der Champions League und Europa League qualifizieren konnte und sich somit die Gelegenheit bieten würde, international zu überraschen. Trotzdem war beim Einstieg bei Red Bull Salzburg ein gehöriger Schuss Patriotismus dabei.

In Österreich fehlen noch immer die Voraussetzungen, um dauerhaft um Pokale in internationalen Bewerben mitspielen zu können. Gute Spieler bleiben nicht in der heimischen Liga. Sie wollen in ihrer oft kurzen Karriere schnell zu den großen Vereinen nach Deutschland, England oder Spanien wechseln. Österreichs Liga ist eine Ausbildungsliga mit jährlich circa dreißig Millionen TV-Werbeeinnahmen. Nach Abzug der Kosten und Umlagen ergibt dies pro Klub zwei bis drei Millionen Ausschüttung pro Jahr. Nur wenige der Klubs überleben die Qualifikation in den internationalen Bewerben, für die sie mit den ersten Plätzen in der Liga belohnt werden. Zum Vergleich dazu hat die Deutsche Bundesliga Werbeeinnahmen in Höhe von einer Milliarde, die Premier League liegt weit darüber. Dort bekommt ein führender Klub aus TV-Geldern der Liga Hunderte Millionen. Eine Analyse der achtzig Vereine in den vier englischen Ligen (einschließlich der seit 1992 gegründeten Premier League) innerhalb von vierzig Jahren Profifußball zeigt, dass dauerhaft nur die Höhe der Spielergehälter den sportlichen

Erfolg eines Klubs bestimmt. Die Stars von Manchester United, Real Madrid, Barca und Bayern verdienen 500.000 Euro, pro Woche wohlgemerkt. Solche Gehälter summieren sich bei den Spitzenklubs auf 300 Millionen Euro. Damit sind circa fünfzig Prozent des Gesamtbudgets eines Klubs für Spielergehälter reserviert. Hat ein Klub nachhaltig Champions-League-Pokal-Ambitionen, braucht es deshalb Jahresbudgets von über fünfhundert Millionen Euro. Deshalb können nur Klubs mit hohen Einnahmen aus Fernsehgeldern, Zuschauern und Sponsoring im internationalen Geschäft vorne mitspielen.

Verschärft wurde diese Entwicklung noch durch das Bosman-Urteil des Europäischen Gerichtshofes im Jahr 1995. Das Urteil legt fest, dass Spieler nach Ende der Laufzeit ihres Vertrages ablösefrei zu einem anderen Verein wechseln können sowie dass es keine Beschränkungen für ausländische Spieler im Kader gibt. Damit wurden spezielle Vorschriften nationaler Ligen hinfällig. Nicht zufällig gewann Ajax Amsterdam 1995 in Wien unter Louis van Gaal das letzte Mal die Champions League.

Ralf Rangnick, von 2012 bis 2021 in diversen Positionen für den Fußball bei Red Bull tätig, brannte dafür, die besten Fußballtalente zu Red Bull zu bringen, wo sie optimal gefördert wurden und ihre individuellen Stärken entwickeln konnten – was zur Folge hatte, dass sich die Red-Bull-Teams immer öfter auf Augenhöhe mit den besten Klubs der Welt messen konnten –, plädierte immer wieder dafür, einen Klub in England zu kaufen. Bei dreimal so viel Werbeeinnahmen wie in der Deutschen Bundesliga kann die Premier League auch richtig Spaß machen. Und dabei spielt man dort aus deutscher Sicht einen durchaus ausbaufähigen Fußball – ein Schlaraffenland für Rangnick, Klopp und Tuchel als »Entwicklungshelfer«.

Eine Übernahme eines traditionsreichen englischen Klubs nach Neureichenmanier war jedoch nicht nach dem Geschmack von Dietrich Mateschitz. Die Würfel waren schon gefallen und die Sache für Leipzig entschieden, trotz der 50+1-Regel, die, anders als in England, eine Übernahme eines Klubs als Kapitalgesellschaft nicht erlaubt. Mateschitz ist in Leipzig »Probe gesessen«, hat Land, Stadt und Stadion besucht und dann entschieden, dass die Leipziger und Red Bull zusammenpassen könnten. Auch war die Region Sachsen schon lange ohne Erstligisten. Das Projekt RB Leipzig sollte also auf Begeisterung stoßen. Da war nur ein kleiner Schönheitsfehler: Es gab keinen Klub zu übernehmen. Weit und breit kein Fußballklub, nicht in der ersten, nicht in der Zweiten Bundesliga, nicht in der Dritten Liga und auch nicht in der Regionalliga. Andreas Sadlo, Spielervermittler aus Fuschl am See, wurde in der fünftklassigen Oberliga Nordost fündig. RB Leipzig übernahm für die Saison 2009/10 das Startrecht des SSV Markranstädt.

Der Klub wurde mit viel Herzblut in die höchste Spielklasse herangeführt, wo er nach sieben Jahren in der Saison 2016/17 angekommen war. Das Ganze war keine Übernahme, sondern das Projekt, einen Verein in der Region zu gründen und zu verankern. Die Fans schätzen dieses langfristige Bekenntnis und die damit verbundene Verantwortung und identifizierten sich dementsprechend mit dem Verein, auch wenn er nur wenige ordentliche und damit stimmberechtigte Mitglieder hat.

Die Klubs in New York und in São Paulo runden das globale Fußballengagement von Red Bull ab. In den USA ist Fußball die beliebteste Sportart bis zur Highschool. Vieles spricht dafür, dass Soccer in den nächsten Jahren zu den »Big 4« – American Football, Baseball, Basketball und

Eishockey – aufschließt. Und Brasilien ist eine fußballbegeisterte Nation, dort einen Klub für relativ wenig Geld in der ersten Liga zu etablieren, macht auch aus Marketingsicht Sinn.

Abseits von den Umsätzen mit dem Energy Drink, sportlichen Erfolgen, Fernsehgeldern, Zuschauereinnahmen und Transfererlösen waren es die Fußballakademien, die Mateschitz wirklich am Herzen lagen. Nicht nur in Salzburg, sondern auch in Leipzig, São Paulo und New York. Die jungen Spieler werden nicht nur sportlich gefördert, sondern genießen großteils auch eine humanistische Ausbildung. Beides rechtfertigt die Investitionen in die Akademien. Es ist vor allem der Aspekt der Sinnstiftung des Fußballsports für die Jugend, der für Mateschitz im Vordergrund stand.

Das Projekt Fußball ist beispielhaft für die vorausschauende Analyse und auch das situative Handeln im Konzern. Und wenn sich dieses Engagement für die Jugend als entscheidender Faktor für den sportlichen Erfolg der Teams herausstellt, bereitet das natürlich besondere Freude: Damit erfüllt sich nicht weniger als die Vision eines global gespannten Synergienetzwerks, das es im Fußball bislang so nicht gibt.

Gehen wir vom Fußball noch einmal zurück zu den Anfängen. Red Bull war gerade in den Gründungsjahren bekannt für das Sponsoring von Extremsportarten, bei denen ganz im Sinne der Frankl'schen Paradoxen Intention Ängste überwunden und Grenzen ausgelotet werden. Die Protagonisten waren handverlesen, die Sportler sollten die Marke Red Bull repräsentieren. Es genügte nicht nur, einer oder eine der Besten in einer Sportart zu sein, auch charakterlich musste es einen *Fit* zwischen Red Bull und dem Athleten geben.

Es gibt nur wenige, die diese Symbiose so gut verkörpern wie Robby Naish. Mr. Windsurfing verkörpert die Welt von Red Bull vielleicht wie kein anderer. Mit Segelnummer US-1111 wurde der Pionier des Windsurfens insgesamt 24-mal Weltmeister. 1976 schaffte er das zum ersten Mal, mit dreizehn Jahren war er jüngster Weltmeister in der Geschichte. Mit 70,37 Stundenkilometer (38,4 Knoten) stellte er 2001 vor Gran Canaria einen neuen Geschwindigkeitsweltrekord im Kitesurfen auf. Mit sechzig Jahren steht er immer noch fast täglich auf seinen Brettern, und das ist für ihn »fast so, als ob man übers Wasser laufen kann. Es ist eine unglaubliche Freiheit«.

Wer ihm bei einem seiner Vorträge zuhört, versteht, warum Robby der perfekte Markenbotschafter ist. Er steht vor seinem Publikum, spricht frei, im Hintergrund laufen Dias aus seinem Leben. Robby als Kind in Kailua auf der hawaiianischen Insel O'ahu, wo er aufgewachsen ist; Robby mit seiner Frau und seinen Kindern; Robby vor seinen Sportautos. Und natürlich alle möglichen Fotos vom Surfen: Robby beim Windsurfen, Kitesurfen, Foulsurfen und Stand-up-Paddeln; Robby nach einem Kitesurfing-Unfall im Sommer 2016 mit Krücken. Er hat sich im Mai 2016 einen Beckenbruch zugezogen. Eine Röntgenaufnahme mit Nägeln im Becken; Robby bei den Aloha Classics – fünf Monate später, im November 2016!

Seit 1979 ist Robby Naish auch Unternehmer und mit seinen Firmen an der Entwicklung von Surfequipment beteiligt. Seine Leidenschaft nutzt er, um bessere Produkte auf den Markt zu bringen. Zu seinen Innovationen zählen die Entwicklung kürzerer Surfbretter, das Sichtfenster im Segel, die Fußschlaufe und das Trapez. Robby geht fast täglich surfen, weil das auch die »Voraussetzung dafür [ist], gute

Produkte zu entwickeln«. Und darauf angesprochen, dass das nicht nach viel Arbeit im Büro klinge und was seine Angestellten dazu sagen würden, antwortete Naish: »Du darfst dir die Firma Naish nicht wie ein typisches Unternehmen vorstellen. Wir sind keine Versicherung, sondern entwickeln und verkaufen Spielzeuge für die schönste Sache der Welt. Ich habe keinen eigenen Schreibtisch, geschweige denn ein eigenes Büro. Wenn ich im Office bin, setze ich mich da hin, wo gerade Platz ist. Und zur Not, wenn einer meiner Mitarbeiter den Platz beansprucht, ziehe ich eben um. Das klappt gut. Im Naish Office herrscht ein ständiges Kommen und Gehen. Wir haben keine Hierarchien wie in anderen Unternehmen. Wir sind ein bunt gemischter Haufen aus aller Herren Länder, viele Europäer arbeiten bei uns. Jeder weiß, was er zu tun hat, und genießt die Freiheit, dies auf die Art und Weise und zu dem Zeitpunkt zu tun, wie er es für richtig hält. Und ein Teil unserer Arbeit findet nicht am Schreibtisch, sondern auf oder am Wasser statt.« Genauso hatte sich Mateschitz seine Firma Anfang der Achtzigerjahre erträumt und sie auch in den ersten Jahren geführt.

Seit Anfang der Neunzigerjahre ist Robby Naish mit Red Bull verbunden. Anlässlich des jährlichen Businessplan-Meetings in Kitzbühel war tagelang viel von Sales-Plänen die Rede. Davon, dass man rausgehen, die Konkurrenz bekämpfen und im Regal Dose gegen Dose gewinnen müsse. Als zum Abschluss Robby Naish seinen Vortrag hielt, war dies wie eine Rückbesinnung auf die Wurzeln, also darauf, *wozu* Mateschitz diese Firma ins Leben gerufen hatte. Red Bull wurde nicht gegründet, um Mitbewerber in Schach zu halten, sondern um Ideen und Menschen Flügel zu verleihen – für Mitarbeiter, die eine große Aufgabe suchen, für Sportler, die die Herausforderung lieben, und für Künstler, die Einzigartiges erschaffen. Vor allem aber für die Jugend, die Naish und Mateschitz ermuntern wollten, ihren Träumen zu folgen. »Sport kann die Welt verändern. Er gibt Hoffnung, Motivation, Selbstvertrauen, Freundschaft und einen Sinn im Leben. Der Wassersport ist besonders mächtig. Da draußen in der Natur zu sein, auf dem Wasser zu gleiten, den Wind oder die Wellen auszunutzen und die Kraft der Natur zum Motor zu machen, macht Spaß und bereichert. Schnappt euch ein Board – und ab nach draußen! Ich ermutige die Kids auch dazu, ›den Stecker zu ziehen‹. Sie verbringen heutzutage viel zu viel Zeit mit Computer und dem Handy.« Wir erinnern uns: Auch Frankl sieht im Sport die moderne Form der Askese.

Naish schloss seinen Vortrag in Kitzbühel mit einer Anekdote. Ende der Neunzigerjahre hatte er Mateschitz zum ersten Mal getroffen. Beide verstanden sich auf Anhieb. Nachdem klar war, dass beide schnelle Autos liebten, wurde er von Mateschitz zu einer Fahrt in seinem Ferrari GTO eingeladen. Mateschitz fuhr eine Bergstraße bis zum Pass. Dort stieg er aus und forderte Naish auf, zurückzufahren. Naish, der wusste, was der Ferrari wert war, lehnte dankend ab und sagte, er könne es sich nicht leisten, das Auto zu Schrott zu fahren. Mateschitz stellte ihn vor die Wahl: Entweder Naish fahre oder er ginge zu Fuß nach Hause. Mateschitz' Sohn Mark war beim Vortrag anwesend. Er ergänzte, dass er bis heute nicht mit dem Ferrari fahren dürfe …

Auf Berger und Naish folgten zahlreiche weitere Athleten, die ein Stück ihres Weges mit Red Bull gingen, und die Liste ließe sich sicher endlos fortführen. Stellvertretend sei noch Aksel Lund Svindal erwähnt. Er war im Ski-Weltcupzirkus für sechzehn Jahre einer der großen Rennläufer. Er hat den Alpinen Ski-Weltcup in vier von fünf Disziplinen gewonnen, hat 36 Siege in 386 Weltcuprennen eingefahren und ist zweimal Olympiasieger und fünfmal Weltmeister geworden. Er ist einer, der sich nie verstellt und immer authentisch bleibt. Kein Träumer, sondern ein Realist. Und vor allem jemand, der trotz vieler Rückschläge durch schwere Verletzungen nie aufgegeben und sich immer wieder zurückgekämpft hat. Svindal kämpfte damit, genauso wie Frankl, primär mit sich selbst und nicht gegen seine Gegner.

Jemand, der Grenzen auf eine ganz besondere Art und Weise auslotet und hinter sich lässt, ist Felix Baumgartner. Seit 1997 lebt er seine Base-Jump-Träume mit Red Bull. Felix, der mit seinen politischen An- und Aussagen immer wieder polarisiert, schwimmt gegen den Strom und ordnet sich nicht gerne unter. Beim Militär, wo er als Fallschirmspringerinstrukteur bei der Heeressport- und Nahkampfschule in Wiener Neustadt diente und keine »dummen Befehle« befolgen wollte, wurde er deshalb als »militärisch ungeeignet« ausgemustert. 1999 schmuggelte er als Angestellter, im Anzug verkleidet, seinen Fallschirm im Aktenkoffer auf die Petronas Twin Towers in Kuala Lumpur und sprang dort vom 88. Stock. Im Dezember 1999 sprang er mit dem Fallschirm um sieben Uhr morgens von der Christusstatue auf dem Corcovado in Rio de Janeiro. Am Abend davor hatte er sich auf dem Gelände einsperren lassen. Er kletterte mithilfe eines Seils, das er mit der Armbrust über die Statue geschossen hatte, auf diese hinauf. Das alles mit tatkräftiger Unterstützung von Red-Bull-Mitarbeitern, die ihn nach dem Sprung mit dem Auto blitzschnell in Sicherheit vor den anrückenden Polizeikräften brachten. Die Bilder gingen um die Welt. 2003 überquerte Felix als erster Mensch im Gleitflug den Ärmelkanal von Dover nach Calais in seinem Wingsuit

SkyRay. Das Fluggerät war mit der Unterstützung von Red Bull entwickelt worden und wird heute auch unter dem Namen *Gryphon* als militärisches Waffensystem für Überraschungsangriffe von Fallschirmjägern eingesetzt. Mit dem Wingsuit können Angriffe von bis zu vierzig Kilometern Entfernung rasch und unbemerkt durchgeführt werden. Zahlreiche weitere Projekte folgten, immer minutiös geplant und mit James-Bond-reifem Abgang. Trotzdem endete der eine oder andere Base Jump auch mit einer kurzzeitigen Inhaftierung, so wie 2004 in Panama der Sprung von der Brücke Puente de las Américas, die Nord- und Südamerika miteinander verbindet.

Das Leuchtturmprojekt gelang Felix nach langjähriger Vorbereitung und Überwindung psychischer – er litt im Raumanzug ebenso an Klaustrophobie wie Berger und Newey im F1-Cockpit – wie juristischer Hindernisse 2012 mit dem Projekt *Stratos*. Er sprang aus der Stratosphäre und stellte zahlreiche Weltrekorde auf: Es war zu diesem Zeitpunkt, kurz gesagt, der längste, höchste und schnellste Flug in der Menschheitsgeschichte. Umfangreiche Sicherheitsmaßnahmen waren getroffen worden, um im Fall eines *Flat Spins*, eines Trudels mit hohen G-Kräften, und einer damit einhergehenden Bewusstlosigkeit das Leben von Felix zu retten. Red Bull half Felix dabei, seinen Traum zu verwirklichen, getreu der Vision, »Menschen zu inspirieren, Großes zu wagen«. Die Kosten für dieses Projekt beliefen sich auf 25 Millionen Euro. Der Werbewert von *Stratos* belief sich auf geschätzt eine Milliarde Euro. 200 Fernsehstationen und Netzwerke berichteten live. Im Livestream auf YouTube verfolgten acht Millionen Zuschauer gleichzeitig das Geschehen. Das war ein Weltrekord, der Obamas Amtseinführung mit sieben Millionen Zuschauern auf die Plätze verwies. Felix beendete nach dem Sprung seine aktive Karriere und zog in die Schweiz.

Ein weiteres Ausnahmetalent ist Heinz Kinigadner. Er war einer der wenigen Freunde von Mateschitz. Kinigadner ist eine Motocross-Legende. Er gewann 1984 und 1985 die Weltmeisterschaft in der 250-cm^3-Klasse auf KTM. In den Neunzigerjahren fuhr und gewann er Motorrad-Rallyes. Er siegte 1994 bei der Pharaonen-Rallye, 1995 bei der Rallye Paris–Peking und 1996 bei der Atlas-Rallye. Ab 1997 war er Sportmanager bei KTM. Anfang 2000 fuhr Mateschitz mit ihm die Rallye Paris–Dakar und verletzte sich an der Schulter, was eine Operation in Innsbruck notwendig machte. Die Freundschaft wurde noch enger.

Ende Juli 2003 kam dann der Schicksalsschlag für Heinz Kinigadner, der sein Leben veränderte. Kinigadner war bei der MotoGP am Sachsenring in Deutschland, als er einen Anruf bekam: Sein Sohn Hannes hatte sich bei einer Benefizrallye für behinderte Kinder in Oberösterreich lebensgefährlich verletzt. Mateschitz schaltete sich ein und ließ ihn nach Salzburg auf die Intensivstation der Unfallchirurgie von Prof. Herbert Resch bringen. Dort überlebte der damals Neunzehnjährige zwei Herzstillstände, einen Kleinhirninfarkt und wurde vor dem Ersticken gerettet.

»Beim Unfall hat er sich außerdem den fünften Halswirbel und das Rückenmark verletzt. Als er stabil war, wurde klar, dass er ab dem Hals querschnittsgelähmt ist«, sagte Heinz Kinigadner in einem gemeinsamen Interview. Der Redakteur wollte wissen, welche Gedanken dem Vater nach dieser Diagnose durch den Kopf gegangen waren. Kinigadner überlegte kurz. »Ich hatte eine Riesenangst. Trotzdem waren meine Familie und ich voller Hoffnung.« Als Tetraplegiker kann Hannes seine Arme nur eingeschränkt bewegen. »Ich brauche dadurch Hilfe beim Anziehen, beim Essen, Trinken und Waschen. Eigentlich bei allem.« Der Reporter fragte, was das für ihn bedeutete. »Es ist schwierig. Aber meine Familie unterstützt mich sehr, und irgendwie wächst man da rein. Man muss ja weitermachen.« – »Hannes ist diesbezüglich ein großes Vorbild für uns«, sagte der Vater. »Wenn wir in die Versuchung kommen, in ein Tief zu fallen, ist er der Starke. Kein gesunder Mensch kann sich vorstellen, was es bedeutet, querschnittsgelähmt zu sein. Und obwohl auch mein Bruder im Rollstuhl sitzt, konnte ich das Ausmaß dieser Verletzung für den Alltag damals nicht im Geringsten erahnen.«

Ein Jahr später gründeten die Freunde Mateschitz und Kinigadner die *Wings for Life*-Privatstiftung, um Querschnittslähmung heilbar zu machen. Seit 2014 findet der *Wings for Life World Run* unter dem Motto »Laufen für die, die nicht laufen können« statt. Über die *Wings for Life*-Stiftung fließen hundert Prozent der Einnahmen an die Rückenmarksforschung. Aufgrund der Tatsache, dass verletzte Nervenzellen im Rückenmark nach bestimmten Behandlungen sehr wohl zur Regeneration fähig sind, besteht eine berechtigte Hoffnung auf Heilung von traumatischen Querschnittslähmungen.

So kam es auch zu einer eindringlichen Szene, als Heinz und Hannes die Eröffnung der *Travel Birds* besuchten, der Reiseagentur von Marion Feichtner, der Lebensgefährtin von Dietrich Mateschitz. Hannes saß an einem der Tische und gab ein Interview. Er schaute fit aus. »Nerven im Rückenmark sind zur Regeneration fähig. Das Problem Querschnittslähmung ist immer mehr erforscht und wird besser verstanden. Jetzt arbeitet man an einer Lösung. Seriöse Forschung braucht Zeit, aber ich bin sicher, dass ich noch aus diesem

Stuhl aufstehen werde«, sagte er mit Überzeugung und schaute seinen Vater Heinz an, der ihm zunickte.

Nicht alle, die ein Leben abseits der Durchschnittsfalle und für den Extremsport leben, sterben eines natürlichen Todes. Auch Freunde von Red Bull sind tödlich verunglückt. Bei Red-Bull-Veranstaltungen oder abseits eines Werbeauftritts in Ausübung ihrer Leidenschaft. Ueli Gegenschatz zum Beispiel. Er war ein Pionier der Schweizer Extremsportszene und mit Hannes Arch – der 2016 ebenfalls tödlich verunglückte – und Andreas Hediger seit 1995 Mitglied des Red Bull Acro Teams. Im Rahmen eines von Red Bull gesponserten Events wurde Ueli 2009 beim Sprung vom Sunrise Tower in Zürich von einer Windböe erfasst und stürzte unkontrolliert zu Boden. Er erlag zwei Tage später seinen schweren Verletzungen. Die Medien sprachen von der dunklen Seite von Red Bull. Red Bull würde Menschen für Werbezwecke in den Tod treiben. Ueli Gegenschatz' Mutter meinte im Interview nach dem Tod ihres Sohnes, Ueli hätte sich »immer seriös und solide vorbereitet und bei seinen Sprüngen immer Lebensfreude gezeigt«. Sie mache Red Bull keine Vorwürfe, sähe keine Schuld beim Marketingkonzept der Firma. Dass die Vorhaltungen gegenstandslos sind, ist für jeden offensichtlich, der weiß, wie Medien funktionieren, und der Red Bull auch nur im Entferntesten kennt.

Red Bull verleiht Flügel – und fordert alle die Menschen auf, für die das Leben das Gegenteil von Trott, Lethargie und Ausweglosigkeit ist, ihre Träume und Ziele zu verwirklichen. Es gibt immer eine Alternative, jetzt und morgen entscheiden wir, welchen Weg wir gehen. Dazu müssen wir die volle Verantwortung für unser Tun übernehmen. Aus der Summe dieser Handlungen ergibt sich unser Leben. Und wer erkennt und sich bewusst macht, dass seine Handlungen endgültig und unumkehrbar sind, entscheidet sorgfältig und gibt stets sein Bestes. Wer diese Geisteshaltung teilt, sieht die Welt nicht als Last, sondern als Herausforderung, in der es gilt, aktiv zu sein, mit Freude Gelegenheiten beim Schopf zu packen, statt zu lamentieren und anderen am Stillstand und der Langeweile die Schuld zu geben. Red Bull ermutigt dazu, dass wir in Freiheit und Selbstverantwortung unseren Weg gehen, und zwar mit wachem Verstand und offenen Augen. Red Bull ist mehr als nur der Konsum einer Dose Energy Drink, Red Bull ist eine Lebenseinstellung – die Lebenseinstellung eines Kriegers, wie er in Carlos Castanedas *Die Lehren des Don Juan* beschrieben wird.

Diese Lebenseinstellung deckte sich mit der von Dietrich Mateschitz. Sie wurde zum Wegweiser für alle Red-Bull-Marketingaktivitäten. Red Bull geht dabei neue Wege und wird zum Inbegriff der Marketinginnovation. Abseits des Mainstreams, polarisierend, perfektionistisch, geistreich und oft mit einem Schuss Selbstironie setzt Red Bull ein Projekt nach dem anderen um.

Nichts verkörpert Freiheit so sehr wie das Fliegen. Fliegen ist der Menschheitstraum. 1992 wurde in Wien der erste Red-Bull-Flugtag abgehalten. Die Teilnehmer stürzen sich mit ihren selbst gebauten Fluggeräten von einer Rampe in das darunterliegende Wasser. Für Sekunden, manchmal sogar für Minuten wird der Menschheitstraum wahr. Von einer Jury wird neben der Weite des Flugs auch die Originalität des Fluggeräts bewertet. Diesem Spektakel folgen in der Regel Hunderttausende von Zuschauern vor Ort und im Fernsehen. Bis heute wurden Flugtage in mehr als fünfzig Städten weltweit veranstaltet.

Begleitet werden die Flugtage in Europa oft von den *Flying Bulls,* deren Flotte aus bestens instand gehaltenen und restaurierten historischen Fluggeräten besteht. Die »fliegenden Bullen« verfügen damit über eine Flotte der schönsten und seltensten Flugzeuge der Geschichte. Die Geschichte der *Flying Bulls* beginnt in den Achtzigerjahren. Sigi Angerer, ein Pilot der Tyrolean Airways, hatte ein Faible für historische Flugzeuge und sammelte *Warbirds,* die er nach Innsbruck bringen und dort restaurieren ließ. Der Ankauf einer legendären Chance Vought F4U-4 Corsair brachte Angerer mit Dietrich Mateschitz zusammen. Die Idee der *Flying Bulls* war geboren, und mit dem weltweiten Erfolg des Energy Drinks wuchs auch die Flotte, die schließlich im Hangar-7 und -8 am Salzburg Airport ihre Heimat fand. Die Flugzeuge der *Flying Bulls* sind eine gern gesehene Attraktion am Flugtag sowie bei anderen Red-Bull-Events und Flugzeugveranstaltungen.

Sigi Angerer und Dietrich Mateschitz waren ebenfalls freundschaftlich verbunden. Wenn Mateschitz jemanden zu einem Rundflug einlud, nahmen er und Sigi in den Pilotensitzen vorne Platz, die Passagiere genossen die Aussicht auf die Bergwelt von den hinteren Sitzen aus. Gelegentlich wurde bei diesen Rundflügen ein Tal in den Nordalpen durchflogen, das an einer Bergwand zu enden scheint. Über Sprechfunk waren die Passagiere mit den Piloten verbunden. Im Tiefflug durch das Tal sagte Mateschitz dann stets ganz ruhig zu Sigi: »Glaubst du nicht, wir sollten die Maschine langsam hochziehen?« Keine Antwort von Sigi. Mateschitz wiederholte die Aufforderung. Spätestens jetzt hatte die rasch näher kommende Felswand die volle Aufmerksamkeit der Passagiere. Sigi Angerer sagte ebenfalls sehr ruhig: »Ich kann die Maschine nicht hochziehen.« Schweigen. Sekunden wurden zu Minuten, und die Gesichter wurden bleich. Am vermeintlichen Ende und Talschluss öffnet sich dann die Talflucht nach Osten, und die Maschine schwenkte steil ein. Nach ein paar Minuten sagte Sigi Angerer dann stets trocken: »Noch mal Glück gehabt.« Dieser ritualisierte Dialog war für ihn eine Vielsprechübung, normalerweise redete er nicht viel. Ansonsten war er einer der sorgfältigsten und vorsichtigsten Piloten, die es gibt. Seine fliegerische Lebensweisheit lautet: »Es gibt mutige Piloten – und solche, die überleben.«

Verleiht man den Menschen Flügeln, animiert man sie dazu, ihre Träume und Ideen zu verwirklichen und dafür Grenzen hinter sich zu lassen und über sich hinauszuwachsen, dann ist es nur konsequent, die Geschichten davon noch weiter zu verbreiten. Nicht nur um zu unterhalten, sondern auch um noch mehr Menschen zu inspirieren und mit der speziellen DNA des Unternehmens zu infizieren. Die Welt von Red Bull wird den Interessierten deshalb auch durch das Red Bull Media House eröffnet. Magazine wie *Red Bulletin* informieren und unterhalten alle, die in diese Welt tiefer eintauchen wollen. Der von Red Bull produzierte *Content* im Bereich Athleten, Events und Kultur wird schon heute sehr erfolgreich auf fremden und eigenen Kanälen kommuniziert. Jährlich sehen Konsumenten Milliarden von Red-Bull-Produktionen auf YouTube, Facebook und eben eigenen Kanälen wie Servus TV.

Diese Schnittstelle vom Marketing zum *Media Business* zu überschreiten, ist die große Herausforderung für die nächsten Jahre. Ähnlich wie bei der Einführung des Energy Drinks, bei dem sich Red Bull den Markt erst geschaffen hat, will das Media House mit seinen Produktionen überzeugen, ohne nach der Quote zu schielen – ganz nach dem Credo von Mateschitz, dass ein gutes Produkt seine Konsumenten findet. Das war schon für die Welt des Marketings schwierig zu verstehen, in der Medienwelt sorgte diese Aufgabenstellung mitunter auch für Missverständnisse. Dabei wäre es so einfach: Ideen und Geschichten aus der Welt von Red Bull und seinen Protagonisten werden aufgegriffen, in einen narrativen Kontext gebracht, spannend produziert und ausgestrahlt. Bevorzugt auf eigenen Kanälen. Das Magazin *Red Bulletin* überrascht mit seinen Geschichten abseits des Alltäglichen über High-Performance-Leistungen von Menschen, die das Abenteuer suchen, bereits seit einigen Jahren. Auch in der Bewegtbildproduktion gibt es einzelne Langformate wie *The Dawn Wall* über die El-Capitan-Begehung des Extremkletterers Tommy Caldwell, die überzeugen und Lust auf mehr machen.

Werfen wir zum Abschluss dieses ersten Teils noch einmal einen kurzen, eher zahlenbasierten Blick auf die Erfolgsgeschichte von Red Bull. *Content Marketing* und das bereits beschriebene *Government Advertising* verstärkten einander gegenseitig und verliehen Red Bull über die Jahre eine Aktualität, die die Umsatzzahlen explodieren ließen. Von 1987 bis 1993 verdoppelte sich der Umsatz jährlich. 1994 explodierte er auf 114 Millionen Euro, 2000 auf eine Milliarde, 2004 auf zwei Milliarden, 2006 auf drei Milliarden, 2010 auf vier, 2012 auf fünf, 2016 auf sechs, 2019 auf sieben und 2022 auf elf Milliarden.

Red Bull ist heute neben Pepsi und Coca-Cola einer der größten Getränkekonzerne für alkoholfreie Getränke. In Österreich verkauft das Unternehmen mehr als einen *Tray* Red Bull pro Kopf, jeder Österreicher, ob neugeboren oder Greis, trinkt heute durchschnittlich dreißig Dosen Red Bull pro Jahr. Mit einer *Per Capita Consumption* (PCC) von 30 macht

Red Bull in Österreich mehr als 250 Millionen Euro Umsatz und zeigt eindrucksvoll, was in anderen Ländern noch möglich ist. Die USA sind mit einem Umsatz von über vier Milliarden zwar das umsatzstärkste Land, die PCC liegt aber erst im mittleren einstelligen Bereich. Hinzu kommt, dass der Umsatz von Erfrischungsgetränken stagniert oder leicht zurückgeht, während die Kategorie Energy Drinks in den meisten Märkten zweistellig wächst. Warum, so fragt sich der Verbraucher, soll ich für wenig Geschmack viel Zucker und viele Kalorien bunkern? Da greift er doch gleich lieber zu Wasser gegen den Durst oder zu Red Bull, wenn er die Leistungsfähigkeit steigern will. Beide Kategorien verzeichnen hohe Wachstumsraten in den einschlägigen Nielsen-Charts*, und ich bin überzeugt, dass Red Bull mittelfristig weltweit das schaffen wird, was in einigen Ländern bereits gelungen ist, nämlich Coca-Cola als die größte Getränkefirma abzulösen.

Red Bull verleiht Flügel an Menschen und ihre Ideen, damit sie sich ganz im Sinne Viktor Frankls einer Sache hingeben. Die Umsatz- und Bekanntheitssteigerungen der Marke Red Bull sind nur die Folge dieser leidenschaftlich umgesetzten Anstrengungen. Zahlreiche Menschen erkennen das und lieben Red Bull als Ausdruck einer gefestigten Wertehaltung, bei der Produkt und Marketing eine kreative, selbstbewusste und nonkonformistische Grundeinstellung manifestieren.

---

* Das Marktforschungsunternehmen Nielsen misst, was Konsumenten schauen *(Watch)*, zum Beispiel welche Werbung oder welches Programm, und was sie kaufen *(Buy)*, zum Beispiel welche Marken und Produkte.

II

WIE MAN **UNTERNEHMEN** **FLÜGEL** VERLEIHT

1 VIKTOR FRANKL ALS WEGBEREITER EINES GELEBTEN HUMANISMUS

» Das Glück derer, die berühmt sein wollen, hängt von anderen ab; das Glück derer, die Vergnügen suchen, schwankt mit den Stimmungen, die sie nicht kontrollieren können; doch das Glück der weisen Menschen erwächst aus dem, was sie freiwillig tun. «

MARCUS AURELIUS

Im Sommer 1944 war Viktor Frankl 39 Jahre alt, im Konzentrationslager Theresienstadt interniert und stand kurz davor, nach Auschwitz verlegt zu werden. Sein Vater war zu diesem Zeitpunkt bereits im Lager Theresienstadt an Hunger und an einem Lungenödem gestorben. Frankl hatte ihm den Tod »nach ärztlichem Ermessen« mit einer ins Lager geschmuggelten Ampulle Morphium erleichtert. Frankl beobachtete, dass Häftlinge bessere Chancen hatten zu überleben, wenn jemand oder etwas auf sie nach der erhofften Befreiung aus dem Lager wartete. In seiner Vorstellung warteten auf ihn selbst sein »Lebensberg«, die Rax, und das Rednerpult eines Vortragssaals an der Wiener Volkshochschule, von dem aus er über seine Erfahrungen berichten würde. Und zwar darüber, was er gerade erlebte: Im Geiste hielt er einen Vortrag unter dem Titel *Psychologie des Konzentrationslagers*, der davon handelte, dass der Mensch auch unter den widrigsten Umständen Sinn zu finden vermag.

Im Sommer 1944 diente ein in New York in erster Generation einer russisch-jüdischen Einwandererfamilie geborener 21-Jähriger in der US-Armee, die Frankl ein Jahr später, im April 1945, aus dem Lager Türkheim befreien würde. Der junge Soldat hieß Aaron Antonovsky, er würde nach dem Krieg an der Yale University Soziologie studieren und – ebenfalls beeinflusst von dem Horror des Krieges – Vater der Salutogenese werden, eines Konzepts, das sich mit der Frage beschäftigt, was Menschen gesund hält.

Schließlich stand im Sommer 1944 ein Zehnjähriger mit seiner Mutter, zwei seiner Brüder und ungefähr siebzig Verwandten, die sich verabschiedeten, am Bahnsteig, um einen der letzten Züge aus Budapest in die Freiheit zu besteigen. Als der Zug anrollte, hörte man die ersten Bomben fallen. Während der Zug Kurs auf Venedig nahm, wo der Vater des Jungen, ein ungarischer Konsul in Italien, die Familie erwartete, um mit ihnen in die USA auszureisen, wurde auf den Zug geschossen und Fenster zerbarsten. Der Name des Jungen war Mihály, er dachte sich, es müsse »doch wirklich eine bessere Möglichkeit geben, zu leben, als das hier«. Mihály Csíkszentmihályi, wie der Junge mit vollem Namen hieß, würde später Psychologie an der University of Chicago studieren, in den Siebzigerjahren das *Flow-Erleben* beschreiben und die Bewegung der Positiven Psychologie mitbegründen.

Antonovsky war 1944 ungefähr halb so alt wie Frankl, und Csíkszentmihályi halb so alt wie Antonovsky, und dennoch übte der Zweite Weltkrieg auf die Arbeiten aller drei einen entscheidenden Einfluss aus. Der Krieg und die Konzentrationslager, die Millionen Menschen das Leben kosteten, brachten Frankl und Antonovsky auf dieselben Fragen:

Welche Umstände sind es, die manche Menschen in Anbetracht von Hunger, Kälte, Folter und angesichts des Verlusts von Familie und Freunden und des jederzeit möglichen Todes überleben lassen? Was lässt sie »trotzdem Ja zum Leben sagen«? Auch Csíkszentmihályi fühlte sich durch seine Erlebnisse dazu aufgerufen, den Folgen des Krieges ein Konzept entgegenzusetzen, das sich der Glück- und Sinnfindung im Leben widmet. Die Erfahrungen im Lager und Krieg wurden von allen dreien auf den Alltag übertragen und ihre Theorien auf Alltagstauglichkeit überprüft.

Ohne diese drei Vordenker wären bedeutende Entwicklungen in der modernen Psychologie undenkbar. Frankl, Antonovsky und Csíkszentmihályi zeigten uns Wege, wie Menschen, aber auch Organisationen und ganze Gesellschaften zufriedener und glücklicher sein können.

Antonovsky diente zwar nicht exakt in den texanischen Truppen, die Frankl am 27. April 1945 aus seinem letzten Lager Türkheim befreiten, das Grauen der Konzentrationslager und des Krieges blieben ihm aber als Kriegsteilnehmer aufseiten der Alliierten nicht verborgen. Sein Studium der Wirtschaft und Geschichte an der Yale University hatte er für den Wehrdienst unterbrechen müssen. Nach dem Krieg wechselte er eher zufällig in das Fach der Medizinsoziologie und schloss seine Studien im Jahr 1955 mit einem Doktor in Soziologie ab. Nach Lehr- und Forschungsjahren in New York und Teheran emigrierte er 1960 nach Israel, wo er in Jerusalem als Medizinsoziologe am Institut für angewandte Sozialforschung arbeitete.

Während bei Frankl das eigene Er- und Überleben des Konzentrationslagers das entscheidende Schlüsselerlebnis für seine weitere Arbeit war, war es bei Antonovsky 1970 eine Untersuchung über die Anpassungsfähigkeit von in

Israel lebenden Frauen verschiedener ethnischer Gruppen in der Menopause. Eine Gruppe von Frauen dieser Studie war in Mitteleuropa zwischen 1914 und 1923 geboren worden, also 1939 zwischen 16 und 25 Jahren alt gewesen, und aus Gründen, an die sich Antonovsky »niemals so recht erinnern konnte«, wurden die Personen dieser Gruppe auch gefragt, ob sie in einem Konzentrationslager interniert gewesen waren. Die Tatsache, dass 29 Prozent der Frauen, die die Erfahrung eines Konzentrationslagers hatten durchmachen müssen, in gutem körperlichem und geistigem Zustand waren, führte Antonovsky zu einer »absoluten Kehrtwendung in seiner Arbeit«. Das war zwar deutlich weniger als in der Kontrollgruppe, wo sich 51 Prozent gesund fühlten, für Antonovsky war es aber dennoch eine »dramatische Erfahrung«, festzustellen, dass Menschen auch nach dem Horror des Lagers, der anschließenden Heimatlosigkeit und dem Erleben von drei Kriegen in der neuen Heimat Israel sich »in einem angemessenen Gesundheitszustand« befanden. Er beschloss, seine weitere Forschung der Frage zu widmen, was Menschen auch nach widrigsten Erlebnissen und Erfahrungen gesund hielt, und die Frage nach den Ursachen von Krankheit zurückzustellen. Antonovsky setzte damit den entscheidenden ersten Schritt in Richtung einer Schatzsuche nach Potenzialen und weg von der pathologischen Fehlerfahndung bei der Bewältigung des Alltags. In der Folge entwickelte er das Salutogenese-Modell und veröffentlichte 1979 sein Hauptwerk *Health, Stress and Coping*.

Entscheidend für die Bewältigung der Anforderungen des Lebens ist demnach das sogenannte Kohärenzgefühl, ein *Sense of Coherence*, kurz SOC. Die Widerstandskraft gegenüber Stressfaktoren ist umso größer, je stärker dieses Gefühl ausgebildet ist. Es bezeichnet die Fähigkeit eines Menschen, sich und seine Umgebung zu verstehen, als sinnhaft und geordnet wahrzunehmen – und nicht als zufällig, willkürlich und chaotisch. Antonovsky nannte diese Dimension »Verstehbarkeit«, *Comprehensibility*. »Handhabbarkeit«, *Manageability*, ist die Bereitschaft, Herausforderungen anzunehmen und ein Gleichgewicht zwischen Überlastung und Unterforderung zu finden. Man ist kein Schilfrohr im Wind, das nachgibt, resignierend seine Opferrolle erträgt und jederzeit geknickt werden kann. Die Welt wird nicht als Last, sondern als willkommene Herausforderung betrachtet. Es ist ein Gefühl, dass »sich die Dinge schon regeln werden«. Bei Frankl ist das der zuversichtliche, wählerische, sich Ungewissheit und Wagnis stellende Mensch, der sich und seinen Fähigkeiten vertraut und sich niemals einfach dem Schicksal ergibt. Er ist das Gegenteil des Pechvogels, der nicht weiß, wie ihm geschieht, das Antonym des *Schlimazel*, dem die Suppe über den Frack gegossen wird, jenes Typus Mensch, der immer Opfer ist und die Schuld für sein Ungemach schnell bei anderen findet, niemals aber bei sich selbst.

Als letzte und wichtigste Komponente des Kohärenzgefühls beschrieb Antonovsky das Engagement für eine Sache mit ganzem Herzen. »Diejenigen, die nach unserer Einteilung ein starkes SOC hatten, sprachen immer von Lebensbereichen, die ihnen wichtig waren, die ihnen sehr am Herzen lagen, die in ihren Augen ›Sinn machten‹ – und zwar in der emotionalen, nicht nur der kognitiven Bedeutung des Terminus … Kurz nachdem ich mein Buch geschrieben hatte, wurde ich auf Frankls (1975) Werk aufmerksam, und es beeinflusste zweifellos die Wahl der Bezeichnung dieser Komponente.« In Anlehnung an das Werk Frankls bezeichnete Antonovsky diese Komponente 1987 in *Unraveling the Mystery of Health – How People Manage Stress and Stay Well* als »Sinnhaftigkeit«,

Meaningfulness, und betonte ihre zentrale Bedeutung. Ohne Engagement und tatsächliches emotionales Interesse werden die beiden anderen Dimensionen bedeutungslos und erodieren. Mit anderen Worten: Ohne die Hingabe an »voraussichtlich [...] Arbeit und Liebe« ist ein Scheitern vorprogrammiert, selbst wenn man »die Spielregeln [...] kennt und glaubt, daß man die Ressourcen zur Verfügung hat, um erfolgreich zu spielen«. Umgekehrt werden Personen, die sich für jemanden oder etwas engagieren und einbringen, immer Wege finden, ihre Situation zu begreifen und Mittel für den verfolgten Zweck verfügbar zu machen. Ohne die Sinnkomponente wird das Leben bedeutungslos und eine Aneinanderreihung von belastenden und ermüdenden Episoden werden, ganz gleich, in welches Umfeld wir geboren worden sind oder uns begeben.

Damit führen uns unsere Ausführungen zu Mihály Csíkszentmihályi und dem von ihm 1975 erstmals beschriebenen *Flow-Erleben*. Obwohl zu diesem Zeitpunkt noch unbeeinflusst von den Werken Frankls, wählte Csíkszentmihályi einen empirischen Ansatz, der mit den vorwiegend aus seiner Lebenserfahrung abgeleiteten Grundsätzen Frankls übereinstimmte, und bestätigte dessen Werk auch in der Feldforschung. Für Frankl, dem zeitlebens mangelnde Wissenschaftlichkeit vorgeworfen wurde, musste dies eine besondere Genugtuung gewesen sein. Die Welt besser zu machen und zum Glück und Wohlbefinden der Menschen beizutragen, war auch der Anspruch Csíkszentmihályis, schon als Zehnjähriger im unter Bombardement stehenden Zug nach Italien verspürte er diesen Wunsch. Das Bemühen um Selbsterkenntnis ist auch bei ihm der Schlüssel zu einem glücklichen Leben. Ohne Hoffnung und Sinn bleiben dem Menschen nur seine Triebe; damit bleibt sein Streben wie bei den Tieren auf die Suche nach Nahrung, Sicherheit und Fortpflanzung beschränkt, und es fehlt ihm das spezifisch Humane, der Wille zum Sinn. Um die Jagd nach dem Glück zu überwinden und über sich hinauszuwachsen, muss der Mensch sich ein »sinnträchtiges Muster« geben, seine Potenziale entwickeln, seine Talente voll in Anspruch nehmen und sich auf eine »Flugbahn der persönlichen Entfaltung und zunehmenden emotionalen, kognitiven und sozialen Komplexität« begeben. Diese nachhaltige Vision bezieht bei Csíkszentmihályi ihre Kraft aus der Seele – »aus der Energie, die eine Person oder Organisation auf Ziele richtet, die über sie selbst hinausweisen«. Hier begegnet uns auch bei Csíkszentmihályi Frankls »Selbst-Transzendenz«, die mit dem Sprachbild vom Auge so treffend beschrieben wird, dessen Wahrnehmungsfähigkeit paradoxerweise davon abhängt, dass es sich selbst eben nicht sieht. Für Csíkszentmihályi wird dieses »Transzendieren [...] durch das *Flow-Erleben* möglich [und] bietet uns mithin die seltene Chance, uns aktiv auf etwas einzulassen, das größer ist als das Selbst, ohne auf das je vorhandene Potential im Bereich des Geistes, des Körpers und des eignen Willens zu verzichten«. An dieser Stelle nahm Csíkszentmihályi dann auch Bezug auf Frankl: »Schon vor einem halben Jahrhundert schrieb der österreichische Psychiater Viktor Frankl, ›daß wir Glück nicht dadurch erreichen können, daß wir uns wünschen, glücklich zu sein – Glück muß sich als die nichtintendierte Konsequenz des Arbeitens auf ein Ziel hin einstellen, das größer ist als der Mensch selbst.‹ Wie wahr diese Erkenntnis ist, das zeigt sich deutlich an unseren eigenen Befunden.«

Csikszentmihalyi hat Tausende Interviews geführt und Personen aus allen Berufen und sozialen Schichten befragt, unter welchen Umständen sie eine völlige Vertiefung und ein restloses Aufgehen bei einer konkreten Aufgabe empfinden. Dieses Gefühl stellt sich am ehesten dann ein, wenn wir weder zu viel noch zu wenig gefordert, also dem richtigen Stresslevel ausgesetzt sind. Die Aufgabe lässt uns nicht scheitern, ist aber auch nicht langweilig.

Das *Flow-Erleben* hat nur wenig mit Bequemlichkeit und Luxus zu tun. Viel eher kennzeichnet *Flow* eine hohe Anstrengung und Eigenleistung unter oft asketischen Bedingungen. Spaß und Konsum sind diesem Gefühl eher abträglich. Hedonistischer Materialismus ist daher kein guter Nährboden für *Flow,* und es überrascht nicht, dass ein übermäßiges Interesse an Geld und Vergnügen Glück und Wohlbefinden eher abträglich ist. Konsequenterweise ist daher die Freude, die man beim Streben nach langfristiger Vervollkommnung der eigenen Fähigkeiten und Fertigkeiten empfindet, vom Spaß, den kurzfristige Vergnügungen unserer Konsumgesellschaft bieten, zu unterscheiden. Widrige Umstände wiederum können ein *Flow-Erleben* sogar begünstigen.

In einer solchen Situation befindet sich etwa der Protagonist in Stefan Zweigs *Schachnovelle.* Er wird von der Gestapo in Isolationshaft genommen und erlebt eine vollkommene Abgeschlossenheit von der Außenwelt in einem Hotelzimmer des *Metropol* am Morzinplatz in Wien, das zugleich Hauptquartier der Wiener Gestapo ist. Nach einem wochenlangen Vakuum, einem »konstruierten, vollkommenen Nichts«, kann er ein Buch entwenden und in sein Zimmer retten. Zuerst ist die Enttäuschung groß, als er feststellen muss, dass es sich um ein Schachrepetitorium handelt. Doch schon bald gibt das Buch seinem ausgehungerten Geist Nahrung. Er spielt die darin skizzierten Partien Schritt für Schritt nach, die absolute Konzentration erfolgt also auf den nächsten

Zug oder die nächste Zugfolge. (Erst später in der Erzählung erfahren wir, dass es nicht möglich ist, beim Schach gegen sich selbst gewinnen zu wollen, ohne schizophren zu werden.) Beim *Flow-Erlebnis* ist der Weg das Ziel. Wir sind in aller Ruhe mit etwas beschäftigt, in größter Muße, aber auch mit großer Wachheit; es ist keine Zeit der fokussierten Aufmerksamkeit, sondern es ist ein Aufgehen in der Tätigkeit. Das Feedback erfolgt unmittelbar, der Ich-Erzähler wird im Lauf seiner Bemühungen, die Partien zu verstehen, Experte und kann sie »blind nachspielen«.

Die Erzählung ist ein Musterbeispiel für die »dynamische Natur« des *Flow*. Anforderungen und Fähigkeiten werden schrittweise angepasst und höhergeschraubt, bis der Erzähler einen Grad der Perfektion erreicht, der – wie wir gegen Schluss der Geschichte erfahren – im Spiel gegen den amtierenden Schachweltmeister Mirko Czentovic weltmeisterlich ist. Die »schöpferische Leidenschaft« (Kurt Hahn) und die Fokussierung auf das Spiel lassen den Erzähler alles um ihn herum vergessen. Er verliert sich gleichsam selbst in seinem Tun, er distanziert sich von sich selbst und damit von den eignen Ängsten und Zwängen. So oder ähnlich fühlt es sich an, wenn Herausragendes entsteht, wenn Talent auf Begeisterung und Fleiß trifft, ob im Sport, bei der Arbeit oder in der Kunst.

Das »Urbild des Menschen im Flow« ist das spielende Kind. Die Belohnung liegt im Spiel selbst, es bedarf keiner besonderen äußerlichen Motivation wie Lob oder Bewunderung. Niemand zwingt das Kind zum Spiel, es spielt freiwillig. Was und mit wem es spielt, wählt es selbstbestimmt. Intuitiv folgt es bei seiner Wahl des Spiels und bei der Frage, ob es allein oder mit Freunden spielt, seinen Neigungen und Potenzialen. Hier finden sich wertvolle Hinweise auf

Talente, die später zu Stärken und Meisterschaft ausgebaut werden können. Das Kind wählt in der Regel Aufgaben, die es gut bewältigen kann, die es weder langweilen noch überfordern. Niemand braucht dem Kind zu sagen, dass der Turm steht oder die Sandburg eingestürzt ist. Die Information über Erfolg oder Misserfolg kommt also aus dem Spiel selbst, ist somit »handlungsnah«. Das Kind konzentriert sich ganz auf den Augenblick, geht Schritt für Schritt voran und vergisst in vollkommener Hingabe an die Aufgabe sich selbst und die Zeit, sodass es schon einmal die Mutter überhört, die es zum Abendessen ruft. Das Kind ist tief davon überzeugt, dass das, was es tut, wichtig ist. Ein solches *Flow-Erleben* trägt dazu bei, dass die Schicksalsschläge, die das Leben für uns bereithält, uns zwar »verwunden, aber nicht besiegen« können.

Frankl, Antonovsky und Csíkszentmihályi bilden ein philosophisches Dreigestirn, dessen Fundament der Mensch auf der Suche nach dem Sinn ist. Die Voraussetzung für ein gelungenes, glückliches Leben ist ein Leben voller Sinn, in dem der Mensch sich frei und selbstverantwortlich für ein Ziel entscheidet und seine Aufgaben wählt. Er gestaltet seine Umwelt, gibt sein Bestes, und wenn sich die Situation nicht ändern lässt, steht es ihm immer noch frei, seine Einstellung zu ändern. Gut ist, was ihn dem Sinn näherbringt, schlecht, was ihn davon ablenkt. Unser Gewissen dient dabei als Kompass. Die Mittel zur Erreichung dieses Ziels trägt der Mensch in sich selbst. Es sind seine Talente, die es zu erkennen und zu entwickeln gilt. Im Vertrauen auf das in jedem Menschen schlummernde Potenzial sind wir aufgerufen, unsere Talente durch Fleiß und Übung wertzuschätzen und zu Stärken auszubauen. Je besser uns das gelingt, je mehr wir den widrigen Umständen trotzen, die das Leben für jeden von uns bereithält, desto größer sind unsere Errungenschaften.

Die Folge ist selbstvergessene Aufgabenerfüllung. Es ist die Hingabe an etwas, das größer ist als das Selbst; sie ermöglicht es uns, uns selbst nicht so wichtig zu nehmen und uns von Ängsten und Zwängen zu befreien. Selbstvergessene Aufgabenerfüllung bedeutet deshalb Selbsttranszendenz und Selbstdistanzierung zugleich. Wir erkennen diesen Zustand daran, dass uns die Welt im Zustand der intensiven Beschäftigung mit einer Aufgabe verständlich und gestaltbar erscheint.

In diesem Sinne könnte man auch sagen, dass Frankls *Wille zum Sinn*, Antonovskys *Salutogenese* und Csíkszentmihályis *Flow* den Rahmen einer nicht zwangsläufig utopischen Arbeitswelt bilden, in der Mitarbeiter aufgefordert sind, selbstbestimmt zu leben, Potenziale auszuschöpfen, Talente in Stärken zu verwandeln, so oft wie möglich *Flow* zu erleben und sich selbstvergessen für eine spezifische sinnstiftende Aufgabe zu engagieren: schlicht »ihr Bestes« zu geben. Dass Arbeit sinnstiftend sein kann, ist augenscheinlich. Der Beitrag, den der Mitarbeiter in einer solchen Umgebung zu leisten vermag, ist ihm die größte Belohnung.

Vom Talent zur Stärke zum Sinn – eine persönliche Schatzsuche

> » Es gibt nur eine Sache im ganzen Universum, über die wir mehr wissen, als wir es durch Beobachtung von außen lernen können. Diese eine Sache ist unser Selbst. Hier haben wir, wenn man so will, Insiderinformationen, hier sind wir eingeweiht. «
>
> C. S. LEWIS

Vor einiger Zeit führte ich gemeinsam mit Stefan Salzer, unserem *Global Head of Human Resources*, ein Bewerbungsgespräch mit dem Sohn eines unserer langjährigen Mitarbeiter. Der Bewerber ist 1992 geboren, genau wie meine Tochter. Der *Red-Bull-Wingfinder-Test* (über den wir noch detaillierter sprechen werden) weist die Stärken »offen für Neues, innovativ, analytisch und gesellig« aus. Der elegante junge Mann, der im feinen Zwirn vor uns saß, fühlte sich gut charakterisiert: Seine Interessen zielten einerseits auf Kunst und Mode, die sein ausgesprochenes Gespür für Ästhetik ansprachen, andererseits auf Datenanalyse, die ihm aufgrund seiner Fähigkeit, schnell und gründlich zu denken, leichtfiel. Er hatte seinen Bachelor und Master of Science an der EBS Universität in Deutschland abgeschlossen, in seinen Bachelor- und Masterarbeiten den Kunstmarkt für Investments und Kryptowährungen analysiert und Praktika bei Hugo Boss und der UBS absolviert.

Der junge Mann war auf einem guten Weg. Eines quälte ihn jedoch. Er konnte sich nicht für ein Talent entscheiden: Datenanalyse oder doch lieber Ästhetik? Nach ein paar Wochen war er in beiden Unternehmen – Hugo Boss und

UBS – unterfordert gewesen, was ihn weiter verunsichert hatte. Im Gespräch mit uns machte er einen fast verzweifelten Eindruck, weil er nicht sicher war, welche Richtung er einschlagen sollte. Modebranche oder Investmentbanking, oder vielleicht doch eine akademische Karriere, die ihm an einer bekannten Universität in Italien offenstünde? Voller Selbstreflexion erzählte er uns, den Blick oft zu Boden gesenkt, von seinen Überlegungen, Neigungen und Zweifeln. Bis es mir reichte und ich ihm sagte, dass er aufgrund seiner Ausbildung und Praktika bestens qualifiziert sei, seine Talente ihm jede Chance im Leben als Wissensarbeiter in vielen Branchen eröffnen würden und er sich nur für eine Aufgabe entscheiden müsse. Wäre ich sein Vater, würde ich ihm verbieten, jetzt weiter über sich selbst, seine Karriere- und die Verdienstchancen nachzugrübeln.

So wie diesem Bewerber geht es vielen jungen Menschen. Sie fragen sich: Was soll ich studieren? Welchen Beruf wähle ich? In welchem Unternehmen? Für welche Stellen bewerbe ich mich? Was ist meine Aufgabe dort, was mein Ziel? Und letztlich führen alle diese Fragen zu einem entscheidenden Punkt: In welchem Kontext habe ich die Möglichkeit, meine Talente bestmöglich zu entwickeln und einzusetzen?

Bevor wir uns dem Zusammenhang von Talentfindung, Berufswahl und stärkenorientiertem Management zuwenden, möchte ich mich auf Spurensuche begeben: Was ist das eigentlich, ein Talent? Wird es einem in die Wiege gelegt, von seinen Vorfahren mit auf den Weg gegeben? Kristallisiert es sich im Lauf der frühen Lebensjahre deutlich heraus? Wie lässt sich das Talent zu einer Stärke entwickeln, mit der sich außergewöhnliche Leistungen erbringen lassen? Und wie lässt sich daraus – nicht nur theoretisch-philosophisch, sondern im unternehmerischen Umfeld – Sinn finden?

Für jede dieser Fragen ziehe ich einen Referenten zurate; Menschen, die uns in ihrem Tun auf die richtige Spur setzen und uns ein Stück weiterbringen bei den einzelnen Entwicklungsschritten des Talents auf seinem Weg zur Sinnfindung.

Beginnen wir mit der Frage nach den genetischen Voraussetzungen. Dr. Eckhart von Hirschhausen, mit summa cum laude promoviert und aus alter deutschbaltischer Gelehrtenfamilie stammend, studierte zunächst Medizin und arbeitete dann als Arzt in der Kinderneurologie der Freien Universität Berlin. Offensichtlich war der heute erfolgreiche Moderator und Kabarettist dort mit seinen Talenten aber nicht gut aufgehoben, denn wenn er gefragt wird, warum er das Krankenhaus gegen die Bühne getauscht hat, sagt er: »Meine Stärke und meine Macke ist die Kreativität. Das heißt, nicht alles nach Plan zu machen, zu improvisieren, Dinge immer wieder unerwartet neu zusammenzufügen. Das ist im Krankenhaus ungünstig. Und ich liebe es, frei zu formulieren, zu dichten, mit Sprache zu spielen. Das ist bei Arztbriefen und Rezepten auch ungünstig. Auf der Bühne nutze ich viel mehr von dem, was ich bin, weiß, kann und zu geben habe. Ich habe mehr Spaß, und andere haben mit mir mehr Spaß. Live bin ich in meinem Element, im Flow!«

Spezielle Begabungen, ob kognitiv, künstlerisch oder physisch, sind uns in die Wiege gelegt. Manche sind offensichtlich. Hirschhausen weist in seinem »Medizinischen Kabarett«* darauf hin, dass Pinguine an Land plump, im Wasser aber rasant erscheinen. Der Pinguin ist mit seinen

* Siehe *hirschhausen.com/glueck.*

zu Flossen umgestalteten Flügeln, seinem kielförmig ausgebildeten Brustbein, seinen steif verbundenen Ober- und Unterarmknochen und seinen Schwimmhäuten perfekt an das Leben im Wasser angepasst. Nur zur Fortpflanzung und für die Pinguin-Kinderschule ist er länger an Land. Dort kann er wegen des starren Kniegelenks und der kurzen, nach hinten versetzten Beine nur wackelnd gehen. Hirschhausen jedenfalls tat der Pinguin leid, den er in einem norwegischen Zoo sah:

> »Ich hatte Mitleid: Musst du auch Smoking tragen? Wo ist eigentlich deine Taille? Und vor allem: Hat Gott bei dir die Knie vergessen? Mein Urteil stand fest: Fehlkonstruktion. Dann sah ich noch einmal durch eine Glasscheibe in das Schwimmbecken der Pinguine. Und da sprang ›mein‹ Pinguin ins Wasser und schwamm dicht vor mein Gesicht. Wer je Pinguine unter Wasser gesehen hat, dem fällt nix mehr ein. Er war in seinem Element! Ein Pinguin ist zehnmal windschnittiger als ein Porsche! Mit einem Liter Sprit käme der umgerechnet über 2500 Kilometer weit! Sie sind hervorragende Schwimmer, Jäger, Wassertänzer! Und ich dachte: ›Fehlkonstruktion!‹ […] Wir alle haben unsere Stärken, haben unsere Schwächen. Viele strengen sich ewig an, Macken auszubügeln. Verbessert man seine Schwächen, wird man maximal mittelmäßig. Stärkt man seine Stärken, wird man einzigartig. Und wer nicht so ist wie die anderen, sei getrost: Andere gibt es schon genug! […] Menschen ändern sich nur selten komplett und grundsätzlich. Wenn du als Pinguin geboren wurdest, machen auch sieben Jahre Psychotherapie aus dir keine Giraffe. Also nicht lange hadern: Bleib als Pinguin nicht in der Steppe. Mach kleine

Schritte und finde dein Wasser. Und dann: Spring! Und schwimm! Und du wirst wissen, wie es ist, in deinem Element zu sein.«

Das Beispiel vom Pinguin ist plakativ und unterhaltsam von Hirschhausen inszeniert, jedoch handelt es sich hier nur um die offensichtlichen genetischen Voraussetzungen des Körperbaus, die ohnehin jedem einleuchten. Keiner würde auf die Idee kommen, die Körpergröße bei einem Basketballspieler zu ignorieren. Die Wissenschaft ist schon viel weiter. Voraussetzung für Spitzenleistungen beispielsweise bei Kraft- und Sprintsportarten ist es, dass die Skelettmuskulatur schnell Kraft erzeugen kann. Das wiederum ist genetisch vorprogrammiert. Mehrere genetische Varianten wurden identifiziert, die für außergewöhnliche Kraft und Sprintleistung verantwortlich sind. In Australien wird in die Leistungskader nur noch berufen, wer die richtigen genetischen Voraussetzungen erfüllt. Die Genetik spielt auch bei kognitiven und künstlerischen Begabungen eine Rolle. In der Musik ist das absolute Gehör, also die Fähigkeit, die Tonhöhe des Gehörten exakt zu bestimmen, genetisch bedingt. Wer in einer Sache, einer Aufgabe, mit einem Material Talent hat, ist schon früh dort ansprechbar.

Nun stellt sich die Frage, wie die Talente sichtbar gemacht werden. Das führt uns direkt zu Wolfgang Amadeus Mozart. Das Schaffen und Wirken des Komponisten ist vielleicht die beste Verkörperung der Entwicklung von Talent. Mozart verfügte einerseits über eine herausragende musikalische Begabung. Joseph Haydn versicherte Leopold Mozart 1785 nach dem Hören der ihm gewidmeten Streichquartette: »Ich sage ihnen vor gott, als ein ehrlicher Mann, ihr Sohn ist der größte Componist, den ich von Person und den Nahmen nach kenne: er hat geschmack, und über das die größte Compositionswissenschaft.«

Salzburgs Genius verfügte über ein absolutes Gehör, das ihn früh mit der Musik vertraut machte. Und er wurde in eine musikalische Familie hineingeboren. Vater Leopold war Hof- und Cammer-Componist am Hof des Erzbischofs in Salzburg. Der Notensetzer Mozart nahm alles damals Bekannte in der Musik in sich auf. Mit Leichtigkeit ahmte er diverse Kompositionsstile nach. Im Gegensatz zu seinem großen Gegenspieler Salieri blieb es bei ihm jedoch nicht bei der Nachahmung, Mozart entwickelte, an Bekanntes anknüpfend, seinen eigenen anspruchsvollen Stil. Unter anderem nahmen Länge und Umfang der Werke zu, die Bläser erlangten eine zuvor unbekannte Eigenständigkeit, und in seinen Opern schaffte er eine überzeugende psychologisch-dramaturgische Charakterzeichnung. Mozart gelang in seiner Musik »die Verbindung des scheinbar Leichten, Eingängigen mit dem musikalisch Schwierigen und Anspruchsvollen«.* Mozart komponierte, wie es in einem Brief vom 16. Dezember 1780 heißt, »Musick für aller Gattung leute [...] ausgenommen für lange ohren nicht«.

Dieses unbändige Interesse an Musik zeigte sich schon in frühen Kindesjahren. Als Wunderkind reiste Wolferl mit seiner Schwester Nannerl in ganz Europa von Hof zu Hof und begeisterte den Adel mit seinen selbst komponierten Sonaten für Klavier und Violine. Noch nicht zehn Jahre alt, schrieb Mozart seine erste Symphonie. Sein kurzes Leben weihte er ganz der Musik und seinen Kompositionen. Unsterblich sind seine Da-Ponte-Opern. Mit lustbetonter Leichtigkeit komponiert, sind sie vielleicht der Inbegriff dessen,

* Zitiert nach www.wolfgang-amadeus.at.

wie nah ein Mensch dem Göttlichen kommen kann. Und wer jemals die Große Messe in c-Moll gehört hat, die einmal im Jahr im Rahmen der Salzburger Festspiele in der Stiftskirche St. Peter gespielt wird, wo sie 1782 mit Mozarts Schwester Nannerl am Klavier uraufgeführt wurde, weiß um die Unvergänglichkeit und Einzigartigkeit der Werke.

Mozart starb kurz vor seinem 36. Geburtstag in Wien an »hitzigem Frieselfieber«. Das zum Teil unvollendet gebliebene Requiem ist musikalisches Zeugnis für seine Aufopferung für die Musik. Bei Mozart drängte sich das Talent auf, nahm gleichsam Besitz von seiner Person. In eine musikalische Familie geboren und mit absolutem Gehör ausgestattet, ließ Mozart seinem Genie freien Lauf und erschuf in wenigen Jahren in einem Orpheus'schen Rausch Werke, die uns und nachfolgende Generationen auf ewig begeistern und berühren.

Christoph Gluck, mit Mozart befreundet und sein Vorgänger als »kaiserlicher Kammermusicus« am Wiener Hof, war einer der bedeutendsten deutschen Opernkomponisten des 18. Jahrhunderts. Auch für Gluck war von Kindheit an klar, welchen Weg ihn sein Talent gehen lassen würde. Doch anders als bei Mozart waren Glucks Vorfahren väterlicherseits allesamt Förster. Auch sein Vater wollte, dass er diesen Beruf ergreift, und er hatte ihn schon früh zu seinem Nachfolger bestimmt. In seinen Jugenderinnerungen beschrieb er seinen Drang zur Musik: »Mein ganzes Sinnen und Trachten galt schließlich nur mehr der Musik, und das Forstwesen wurde beiseitegeschoben. Da dies nicht dem Wunsch meines Vaters entsprach, überwachte er strenge meine Arbeit, die er verdoppelte, um mich von einem Handwerk abzubringen, das, wie er sagte, niemals imstande wäre, mich zu ernähren. Nun übte ich während der Nacht; das störte aber die Ruhe des Hauses und des Vaters, und meine Instrumente wurden eingesperrt. In meiner musikalischen Begeisterung griff ich zur lärmenden Maultrommel, die ich in kurzer Zeit meisterlich spielte; aber am seligsten fühlte ich mich sonntags auf dem Kirchenchor.« Mutig und gegen alle Konvention und familiären Repressalien bot Gluck dem vermeintlich besiegelten Schicksal als Förster die Stirn.

Bei Franz Kafka, der uns als Schriftsteller ein paar der größten Werke in der Weltliteratur hinterlassen hat, lag seine einzigartige Begabung in seinem Brotberuf völlig brach. Für ihn war seine Arbeit als Jurist und Versicherungsangestellter nichts als Langweile, und er beschrieb sie in einem Brief an seine Freundin Milena Jesenská als »lächerlich und leicht [...] ich weiß nicht wofür ich das Geld bekomme«, die Bürostunden waren ihm eine Qual und die letzte Arbeitsminute ein »Sprungbrett der Lustigkeit«. Seine Leidenschaft galt der Schriftstellerei. Lebte Kafka heute, wünschten wir ihm den Literaturnobelpreis und dass er von seinen Büchern leben könnte.

Alle drei folgen ihrer Begabung, doch mit welch unterschiedlicher Qualität in der Entscheidung ihrer Berufswahl! Mozarts Weg war von Anfang an vorgezeichnet, Gluck stemmte sich gegen familiäre Erwartungen, und Kafka ergab sich, zumindest was den Brotberuf anging, dem Schicksal und verfolgte seine Leidenschaft, die Schriftstellerei, nur in der Freizeit. Und doch bleiben alle drei unsterblich in ihren Werken: Die Welt wäre nicht dieselbe ohne die *Königin der Nacht*, den *Tanz der Furien* oder *Die Verwandlung*.

Kommen wir nun zu der Frage, auf welche Weise sich Talente zu Stärken entwickeln lassen. Mitte der Neunzigerjahre fuhr ich mit meinem Freund Martin Hengstschläger immer wieder zu Ausbildungsveranstaltungen für Rechtsanwälte nach Wien. Da die Veranstaltungen zweitägig waren, übernachteten wir bei seinem jüngeren Bruder Markus. Markus Hengstschläger hatte Genetik an der Universität Wien studiert und an der Yale University in den USA geforscht. Er war jüngster Universitätsprofessor an der Medizinischen Universität Wien, wo er heute das Institut für Medizinische Genetik leitet. Der vielfach ausgezeichnete und international anerkannte Wissenschaftler unterrichtet Studierende und ist in den Bereichen Genetische Diagnostik, Grundlagenforschung und Innovationsberatung tätig. Hengstschläger ist außerdem Autor von drei Nummer-eins-Bestsellern (*Die Macht der Gene*, *Endlich unendlich* und *Die Durchschnittsfalle*). Vor allem aber hält der begabte Redner immer wieder Vorträge und gibt Interviews, in denen er sein Publikum mit Einblicken in die Genetik und Talentsuche unterhält und fesselt.

Als Ausgangspunkt seiner Ausführungen wählt er gerne folgende Geschichte: Stellen Sie sich vor, Ihr Kind kommt aus der Schule mit einem Einser in Deutsch und einem Vierer in Mathematik im Zeugnis nach Hause. Ihre erste Frage wird vermutlich sein, wie viele andere Kinder noch einen Vierer oder Fünfer in Mathematik haben. Wenn es viele Vierer oder vielleicht sogar Fünfer gibt, sind Sie mehr oder weniger entspannt. Wehe aber, wenn es nur wenige schlechte Noten gibt. In diesem Fall wird vermutlich in den Ferien eine Nachhilfewelle in Mathematik anlaufen. Deutsch bleibt dann links liegen, da tut sich das Kind ohnehin leicht. Es besteht die Gefahr, dass nur mehr an den Schwächen gearbeitet wird und die Stärken des Kindes vernachlässigt werden.

Die Schule ist ein Ort, wo leider allzu oft die Fehlersuche überwiegt und negatives Feedback bis zur Resignation führen kann. Die Schule hat die Aufgabe, Kindern die Grundfertigkeiten Lesen, Schreiben und Rechnen beizubringen, die als Voraussetzungen für einen Wissensarbeiter in unserer Dienstleistungsgesellschaft gelten. Kinder müssen aus diesem Grund ein gewisses Maß an Anstrengung einfach auf sich nehmen, und manchmal bedeutet das auch ein Arbeiten an den eigenen Schwächen. Ein guter Lehrer versucht, Schwächen zu minimieren, aber daneben auch Talent zu fördern, schon um das Kind nicht zu demotivieren. So wie mein Mathematik- und Sportlehrer, den ich noch heute einmal im Jahr zum Kartenspiel treffe. Als meine Mutter von Linz ins 200 Kilometer entfernte Internat nach Saalfelden zum Elternsprechtag fuhr und ihr von der Anreise übel geworden war, weil ihr nagelneuer VW Käfer ein Leck im Tank hatte und es nach Benzin roch, bot ihr Professor Heribert Tollich an, sich auf seiner Couch auszuruhen. »Und was ist mit meinem Sohn?«, fragte meine unpässliche Mutter. »Machen Sie sich keine Sorgen. Er ist kein Mathematikgenie, aber er kommt durch.« Meine Mutter legte sich eine Stunde hin und fuhr dann beruhigt wieder nach Hause. Mein Lehrer sollte recht behalten: Mathematik wurde nie zu meiner großen Stärke, dafür beschäftigte ich mich umso lieber mit Deutsch, Sport, Geschichte und Geografie.

Es gibt keinen Sportler, Künstler oder auch »nur« Wissensarbeiter, der Spitzenleistungen erbringt und der sich nicht auch intensiv mit seinen Schwächen auseinandergesetzt hat. Der Dutzende, wenn nicht Hunderte Male an derselben Stelle gescheitert und wieder aufgestanden ist, weitergemacht und es so lange versucht hat, bis er es einmal geschafft hat. Das heißt nicht, dass wir uns auf die Fehlersuche begeben. Wir arbeiten grundsätzlich an einem Stärkenthema, aber wir perfektionieren es. Das ist nicht immer ein Honiglecken, aber das Ergebnis dieser Anstrengungen verschafft uns Befriedigung, Erfüllung und Sinn wie nichts anderes in der Welt.

Die effizienteste Form des Lernens passiert durch positives und negatives Feedback, wobei Ersteres überwiegen sollte. Das Positive motiviert uns und erfüllt uns mit neuer Energie, das Negative bleibt uns besser in Erinnerung und lässt uns wachsen. Gute Trainer lassen eine Übungseinheit immer mit einem Erfolgserlebnis oder positiver Rückmeldung enden. Marcial Losada, ehemaliger Direktor des Center for Advanced Research (CFAR) in Ann Arbor, Michigan, führte zahlreiche Studien zur Interaktionsdynamik und Produktivität von Business-Teams durch. Er untersuchte das Verhältnis von positiven und negativen Rückmeldungen auf die Wirksamkeit von Teamarbeit anhand kritischer Leistungsindikatoren wie Produktivität und Kundenzufriedenheit. Obwohl sein Konzept des kritischen Positivitätsverhältnisses (¾ positiv und ¼ negativ, auch Losada-Linie genannt) Kritik einstecken musste, kann als gesichert gelten, dass die erfolgreichsten Teams sowohl positives als auch negatives Feedback erhielten. Nur positives oder nur negatives Feedback ist der Leistung abträglich.

Wir arbeiten grundsätzlich aber zu sehr im Fehlermodus. Fehlerorientiert zu arbeiten, ist das Gegenteil von Ermächtigung und legt den Grundstein für eine kollektive Viktimologie, bei der wir uns als »nichts als ein Opfer« sehen. Die Fehlersuche lässt uns im Krankheitsmodus agieren. Wir vermeiden Anstrengung und flüchten aus unserem unglücklichen Alltagsleben. Das Selbstwertgefühl ist im Keller. Durch Selbstmitleid, Schuldvorwürfe, Frustration und Ärger gehen zahllose Arbeits- und Lebensbeziehungen in die Brüche. Nicht ganz abzustürzen und wenigstens Durchschnitt zu bleiben, ist dann alles, was wir uns für unser Leben erhoffen. Entspannung und Passivität werden zum erstrebten Ideal. Und tatsächlich: Kurzfristig lenken uns Konsum und Unterhaltung ab und überdecken unser Leeregefühl. Langfristig aber sind Wut, Angst, Neurosen und Depression die Folge. Psychische Erkrankungen sind zur Epidemie geworden. Depressionen kommen heute zehnmal häufiger vor als noch vor fünfzig Jahren, und die Lebenszeit-Prävalenz dieser Krankheit (der durchschnittliche Zeitpunkt des Auftretens) hat sich halbiert und liegt heute bei etwa fünfzehn Jahren. Das führt zu beachtlicher gesellschaftlichen Ressourcenverschwendung.*

Um diesen ersten Abschnitt abzuschließen, sei das Ganze noch einmal bildlich gefasst: Talente sind wie Schnellstraßen im Gehirn. Auf den Autobahnen unserer Begabungen werden wir schneller und leichter zu unseren spezifischen Aufgaben finden als abseits im Dickicht und Morast unserer Schwächen. Diese führen bekanntlich im besten Fall nur zu Mittelmäßigkeit oder zu dem, was Hengstschläger die »Durchschnittsfalle« nennt. Jeder Mensch hat individuelle Begabungen, und es ist seine Verantwortung, diese Begabungen zu finden, zu hegen und zu pflegen und sie in Stärken zu verwandeln. Gesellschaft, Familie, Schule und Berufswelt sind verpflichtet, bei dieser Bergung des Schatzes zu unterstützen.

---

* Der allgemeine Psychologiebetrieb folgt diesem Trend. Die Wissenschaft beschäftigt sich weiter vorwiegend mit den negativen Seiten der Menschen und zeigt in vielfältiger Weise ihre Unzulänglichkeiten auf. Auch wenn sich die Positive Psychologie redlich bemüht, hier Abhilfe zu schaffen, handeln auch heute noch nur wenige Beiträge von den Möglichkeiten und der Potenzialsuche. Die Auswertung von dreißig Jahren psychologischer Publikationen ergibt an die 6000 Artikel über Wut, 42 000 Artikel über Angst und 54 000 Artikel über Depression. Dem gegenüber wurden 415 Artikel über Freude, 1700 Artikel über Glück und 2500 Artikel über Zufriedenheit geschrieben. Es ist, sagte Abraham Maslow, als ob die Psychologie sich freiwillig nur auf die Hälfte ihrer Aufgaben beschränkt, nämlich auf ihre dunkle Seite.

Wenn wir nun den Weg von den freigelegten und zu Stärken entwickelten Talenten hin zum beruflichen Kontext, also zur Berufswahl, einschlagen, dann steht am Beginn jeder Wahl der Wille, sein Schicksal selbst in die Hand zu nehmen. Doch gibt es ihn wirklich, den oft beschworenen und doch umstrittenen freien Willen? »Alles menschliche Tun besteht darin, sich selbst zu beweisen, ein Mensch und kein Walzstift zu sein«, heißt es in Dostojewskis *Aufzeichnungen aus einem Kellerloch*. Um kein Walzstift zu sein, bedarf es einer zweifachen Freiheit: gesellschaftlich und individuell. Gesellschaftlich treten wir nach Kräften für Chancengleichheit von so vielen Menschen wie nur möglich ein. Auch wenn uns das nur bedingt gelingt, leben wir heute im historischen Vergleich zumindest in westlichen Demokratien so frei wie noch nie.

Wenn Viktor Frankl feststellt, »dass menschliches Verhalten nicht von Bedingungen diktiert [wird], die der Mensch antrifft, sondern von Entscheidungen, die er selber trifft«, ist diese im Kern richtige Aussage zum Teil auch im historischen und sozialen Kontext zu sehen. Denn es ist keine Selbstverständlichkeit, dass wir unseren Beruf, unseren Partner, ja sogar unseren Aufenthalt frei bestimmen können. Während des gesamten Mittelalters und bis in die Frühe Neuzeit waren Menschen nicht frei und den Wahlmöglichkeiten enge Grenzen gesetzt. Nicht monate-, nicht jahrelang, sondern auf Lebenszeit und generationenübergreifend. In Salzburg musste der Erzbischof als Landesfürst noch bis ins 18. Jahrhundert seine Zustimmung bei einem Ortwechsel in eine andere Stadt und somit einen anderen Herrschaftsbereich geben, der Bürger war dem Landesherrn steuerpflichtig, und durch den Umzug gingen Steuereinnahmen verloren. Der Beruf war durch Geburt bestimmt. Ledige

Kinder hatten kein Bürgerrecht und somit keinen Zugang zu den Zunftberufen oder gar zu den Stellen bei Hof. Ihnen waren die Gesinde- und niedrigen Lohnarbeiten vorbehalten. Die Partnerwahl erfolgte ausschließlich innerhalb der gesellschaftlichen Klassen und war von den Eltern arrangiert.

Vielleicht ist auch deshalb der Mensch für Martin Luther noch ganz Walzstift Gottes. Der unbändige »Bauerngeist« war überzeugt, dass das Schicksal des Menschen völlig in der Hand Gottes lag und sein »geknechteter Wille« höchstens dann frei sei, wenn er Böses tut. Erasmus von Rotterdam widerspach ihm. Zwar begrüßte er die 95 Thesen und stimmte in der Frage des Ablasshandels mit Luther überein, er wollte aber die Christenheit verbunden und nicht gespalten sehen. Der Humanist strebte nach Einigung und Frieden, nicht nach Zwietracht und Hass, weshalb er die unnachgiebige Haltung Luthers, mit der dieser seine Thesen vertrat und dadurch den Krieg in Kauf nahm, entschieden ablehnte. Schließlich sah er sich gezwungen, gegen Luther Stellung zu nehmen. Das Thema wählte Erasmus 1524 sorgfältig: *De libero arbitrio*, seine Abhandlung über den freien Willen. Erasmus hielt es mit Sokrates, der, bevor er den Schierlingssaft trank, gesagt haben soll: »Ob Gott unsere Werke billigen wird, weiß ich nicht. Wir haben uns jedenfalls ernsthaft bemüht, ihm zu gefallen.«

Wenn wir Derartiges lesen, bleibt nur zu sagen: »Heiliger Sokrates, bitte für uns!« Die Idee eines Menschen, der sich bemüht, sein Bestes zu geben, und der aus freien Stücken Gutes tut, erschien Luther jedenfalls blasphemisch, ja geradezu abstoßend: »Es ist nicht zu beschreiben, was für einen Ekel ich an dem Büchlein vom freien Willen habe.« Erasmus sollte recht behalten, die Kirchenspaltung wurde am Reichstag zu Augsburg 1530 besiegelt, und hundert Jahre später lag halb

Deutschland für dreißig Jahre in Schutt und Asche. Wegbereiter der Aufklärung, die Europa in Richtung Freiheit, Gleichheit und Brüderlichkeit aufbrechen ließ, war aber Erasmus, der Fürst der Wissenschaft und der Humanisten.

Das Konstrukt des individuellen freien Willens bleibt auch im 21. Jahrhundert umstritten. Jürgen Sandkühler, Leiter des Hirnforschungszentrums in Wien, ist überzeugt davon, dass Menschen keinen freien Willen haben, und findet, dass diese Erkenntnis »fast schon belanglos« ist. Für den Einzelnen macht es keinen Unterschied, ob er wirklich frei ist oder nur der Illusion der Freiheit unterliegt. Da eine freie Willensentscheidung weder bewiesen noch widerlegt werden kann, bleibt der freie Wille, »das wundersame Tier«, derzeit jedenfalls wissenschaftlich unbelegt. Für Sandkühler sind Entscheidungen eine Folge von zwangsläufig ablaufenden biologischen, physikalischen und chemischen Prozessen im Gehirn; ein freier Wille, der diesen Gesetzmäßigkeiten nicht folgt, ist für ihn nicht nachweisbar. Und letztlich bleiben auch die komplexen biochemischen und neuronalen Abläufe unvorhersehbar und wissenschaftlich umstritten.

»Wenn wir nicht länger in der Lage sind, eine Situation zu ändern, sind wir [immer noch] gefordert, uns selbst zu ändern«, schrieb Viktor Frankl. Der von Sandkühler vertretene Determinismus ist eine Mindermeinung. Die Mehrzahl der Philosophen heute teilt mit Frankl die Auffassung, dass der Mensch frei ist, Entscheidungen im Einklang mit seinen Werten und Überzeugungen zu treffen, auch wenn Biologie, Erbanlagen und Umwelteinflüsse diese Entscheidungen beeinflussen. Der Mensch, ausgestattet mit geistiger Trotzmacht, bleibt unberechenbar und *agens* und ist eben mehr als »nichts als *reagens*«.

Das sieht auch Markus Hengstschläger so. Er ist überzeugt, dass der Mensch nicht auf seine Gene reduzierbar ist. Die Gene seien »nur Bleistift und Papier, die Geschichte schreibt jeder selbst«. Wie die Karten verteilt sind, was auf Gene, was auf freien Willen und was auf Umwelt zurückzuführen ist, bleibt ein bewegliches System und ist bei keinem Menschen gleich. »Wie viel Talent angeboren ist und welchen Einfluss die Umwelt hat, ist die wahrscheinlich am stärksten diskutierte Frage dabei. Ich sage: Der Mensch ist bei seinen Talenten auf jeden Fall nicht auf seine Gene reduzierbar. Ohne Übung geht nichts, aber Üben führt nicht bei jedem zum Gleichen – weil jeder eben auch genetisch individuell ist.«

Jeder Mensch ist anders, und diese Individualität ist, so lernen wir, auch gut so. Hengstschläger erzählt an dieser Stelle eine weitere Geschichte: In einem Teich schwimmen viele Individuen. Umweltbedingungen lassen dann die Wassertemperatur im Teich ein wenig ansteigen. Wären alle Teichbewohner genetisch vollkommen gleich und für die neuen Umweltbedingungen nicht gerüstet, würden alle sterben. Handelt es sich bei den Teichbewohnern aber um viele verschiedene Individuen, würden, einem Selektionsprozess entsprechend, höchstwahrscheinlich manche überleben. Genau das spielte sich in der Entwicklungsgeschichte ab. Die Dinosaurier starben aus, die Säugetiere überlebten. Der Mensch ist die Krönung dieser Entwicklung, er passt sich nicht nur genetisch an, sondern baut Höhlen, Häuser und inzwischen auch Raumschiffe, um den Veränderungen der Umweltbedingungen trotzen zu können. Freilich produziert der Mensch heute auch jährlich 300 Millionen Tonnen Kunststoff, hat bereits über eine halbe Milliarde Kubikmeter Beton verarbeitet und mehr als 500 Atomsprengsätze gezündet.

Es bleibt zu hoffen, dass wir das Anthropozän überleben, in dem die »Naturgewalt Mensch« mehr Erdkruste bewegt hat als alle Winde und Flüsse zusammen. In einer sogenannten Welt, die komplex, unsicher und ständig in Bewegung ist – die Fachwelt kennt hierfür den Begriff der VUCA-Welt (für *Volatility, Uncertainty, Complexity* und *Ambiguity*) –, bilden Individualität und Verschiedenheit jedenfalls unsere beste Rückversicherung. Es gilt daher unbedingt, Diversität zu fördern und nicht, sie zu verhindern.

Ein doktrinärer Determinist mag darauf bestehen, dass der freie Wille eine Illusion ist, aber letztlich ist dies weder beweisbar noch widerlegbar. Vielleicht verhält es sich so wie in der Quantentheorie, wo Beobachtung die Wirklichkeit beeinflusst. Andere von uns – und dazu gehören Viktor Frankl und Dietrich Mateschitz – erleben sich nicht als bloße Auswirkungen von Ursachen; wir erleben uns als freie Akteure, die die Leinwände ihres Lebens mit den Materialien bemalen, die sie finden oder herstellen können.

Wenn wir einmal überzeugt davon sind, dass die freie Wahl real und keine Illusion ist und unsere Einzigartigkeit unsere größte Stärke, so ist weiter Selbsterkenntnis die wichtigste Voraussetzung für eine gute Entscheidung. Selbsterkenntnis bedeutet ein Bewusstwerden unserer Entwicklungsmöglichkeiten und das Erkennen unserer natürlichen Grenzen. Möglichkeiten und Grenzen stehen zueinander wie Yin und Yang, antagonistisch und doch sich gegenseitig bedingend. Im Streben nach unseren Möglichkeiten greifen wir nach den Sternen, müssen aber auch Schwierigkeiten überwinden und Ängsten und Zwängen trotzen. Anders ausgedrückt: Stärken müssen gefördert, Schwächen marginalisiert werden. Wer seine Stärken und Schwächen nicht kennt, kann auch nicht an ihnen arbeiten. Je besser wir unsere eigenen Stärken und Grenzen verstehen, desto besser werden unsere Berufswahl und Karriereentscheidungen ausfallen. Und je bewusster diese Entscheidungen getroffen werden, desto eher werden wir unsere Arbeit und deren Früchte lieben. Es geht bei der Selbsterkenntnis also um nichts weniger als darum, in den Spiegel zu schauen und die eigene Person richtig einzuschätzen. Den Dingen auf den Grund zu gehen und die Geschichte zu verstehen, die unser Leben darstellt und an der wir Tag für Tag schreiben.

Wenn die Selbsterkenntnis nicht bei der Reflexion stehen bleibt, sondern zu einer Entscheidung führen soll, sind ausschlaggebend: Gelassenheit und Wachsamkeit. Die besonnene Gelassenheit, auch als sokratische Tugend *Sophrosyne* bekannt, lässt sich mit »das seelische Gleichgewicht bewahren« umschreiben. Gelassene Menschen sind entspannt, ruhig und gefasst und gehen in der Regel gesünder und glücklicher durchs Leben.* Erst die Gelassenheit eines nicht selbstbezogenen, sondern an seinen Aufgaben gereiften Menschen ermöglicht wahre Selbsterkenntnis. Gelassenheit lässt uns Ängste und Fehler eingestehen und zugeben, noch dazulernen zu müssen. Der gelassene Mensch will nicht um jeden Preis recht haben, bleibt offen gegenüber Neuem und sieht die Welt voller Möglichkeiten, die er gestalten kann. Frankls zuversichtlicher Mensch ist deshalb auch immer ein gelassener Mensch. Der gelassene Mensch bejaht das Leben, übernimmt Verantwortung und steht zu seinen Entscheidungen. Er leistet seinen Beitrag, für ihn hat das Dasein Sinn. Die

---

* Anton Pelinka vermerkte im *Radiokolleg* vom 6. Februar 2020, dass uns gelassene Menschen, gleich welcher Schattierung, auch sympathischer sind; egal ob links oder rechts, konservativ oder progressiv, gelassene Menschen sind uns willkommen, und frei nach Julius Cäsar ließe sich konstatieren: Lasst gelassene Männer um mich sein!

Schuld sucht er nicht bei anderen, sondern bei sich selbst, und Schicksalsschläge gehören für ihn zum Leben. Erst dieser Stoizismus ermöglicht, sich selbst in seiner Unvollkommenheit zu akzeptieren und von sich und seiner Umwelt ein positives Weltbild zu haben. Gelassenheit ist damit ein taugliches Modell gegen Narzissmus, Alarmismus und die notorische Aufgeregtheit unserer Zeit.

Die zweite Eigenschaft, die für die Selbsterkenntnis unabdingbar ist, ist Wachsamkeit. Die Wachsamkeit, zwischen Talent und Zerstreuung zu unterscheiden. Nehmen wir an, ich lese gerne und spiele gerne Schach. Nur weil ich etwas gern tue, bedeutet das noch nicht, dass ich auf diesem Gebiet Talent habe. Auch wenn ich ein leidenschaftlicher Leser bin, macht mich das nicht zwangsläufig zu einem guten Autor, Sprecher oder auch nur Literaturkritiker. Auch Fredmund Malik weist darauf hin, dass nicht unbedingt entscheidend ist, was wir gerne tun. Es gibt keinen kausalen Zusammenhang zwischen den Dingen, die man gerne tut, und denen, in denen man Spitzenleistungen erbringt.

Nehmen wir weiters an, dass ich nicht nur *gerne* Schach spiele, sondern es mir überdies *leicht*fällt, mögliche Spielverläufe durchzudenken, Strategien zu entwickeln und taktisch so umzusetzen, dass ich oft besser bin als viele meiner Gegner im Schachklub. Das deutet darauf hin, dass ich möglicherweise ein Talent im logisch-analytischen Denken habe, und wenn ich das Schachspiel weiter ernsthaft verfolge, oft spiele, Eröffnungen und die Spielzüge studiere, werde ich mit einiger Wahrscheinlichkeit ein meisterlicher Schachspieler werden.

Um noch mal das Bild von der Autobahn zu bemühen: Auf der Autobahn Talent ist unsere Leistungsbereitschaft erhöht. Wir verspüren Lust, uns mit einer Aufgabe zu beschäftigen, einer Neigung nachzugehen, uns mit einem bestimmten Material zu beschäftigen. Die Beschäftigung mit einem Thema fällt uns leicht, und weil sie uns leicht von der Hand geht, gehen wir ihr gerne und oft nach. Wir müssen uns also fragen, was wir wie selbstverständlich, vielleicht sogar nebenbei erledigen, wo wir unsere größten Erfolge haben, was wir gemacht haben, wenn wir uns an den besten Tag in den letzten Monaten erinnern. Was ist es, wofür uns andere loben (oder auch beneiden)? Nach welchen Tätigkeiten fühlen wir uns erfüllt und sind gut drauf?

Wenn uns etwas leicht von der Hand geht, besteht die Gefahr, dass wir es nicht beachten und dem Potenzial zu wenig Aufmerksamkeit schenken. Schule, Eltern und in weiterer Folge wir selbst sollten deshalb auf spezielle Begabungen achten und sie fördern und ausbauen. Denn genau hier, an der Grenze zwischen »gerne tun« und »leichtfallen«, verläuft auch die Grenze zwischen Freizeitvergnügen und Arbeit. Überall dort, wo wir mehr Konsument sind als Produzent, werden wir uns nicht anstrengen, keine Grenzen überwinden, ja nicht einmal nach Leistung trachten. Es ist der provozierende Sachverhalt in einer sich uns aufdrängenden Welt, der uns Schritt für Schritt wachsen lässt. Das passiert nicht, wenn wir Zerstreuung suchen, sondern nur dann, wenn wir uns ernsthaft einer Aufgabe widmen.

Im Folgenden geht es nun also darum, die zu Stärken entwickelten Talente in einer Aufgabe aufgehen zu lassen, darin über sich hinauszuwachsen und auf diese Weise Sinn zu erfahren. Das Gleichnis von den drei Steinmetzen und ihrem Bau einer Kathedrale, das diesen Punkt illustriert, gehört mittlerweile zu jeder Managementfortbildung. Die Geschichte wird Michelangelo zugeschrieben: Ein Mann kommt auf eine Baustelle, auf der drei Steinmetze arbeiten. Äußerlich sind sie nicht zu unterscheiden. Er geht zum Ersten und fragt: »Was tun Sie da?« Dieser schaut ihn ganz verdutzt an und sagt: »Ich verdiene mir hier meinen Lebensunterhalt. Ich habe Frau und sechs Kinder zu ernähren.« Der Mann geht weiter und kommt zum zweiten Steinmetz. Er fragt ihn dasselbe. Dieser schaut ihn stolz an und sagt: »Ich bin der beste Steinmetz im ganzen Land.« Der Mann kommt zum letzten Steinmetz. Dieser denkt über die Frage kurz nach und antwortet: »Ich helfe hier mit, eine Kathedrale zu bauen.«

Für den dritten Steinmetz hat seine Arbeit Bedeutung und Zweck. Er hat ein Wozu der Arbeit, nicht nur ein Warum wie die beiden anderen. Der Dritte erfährt Sinn in seiner Arbeit, und in Bescheidenheit ordnet er sein Schaffen dem höheren Ziel unter. Die anderen beiden arbeiten für den Zweck, Geld oder Ruhm. Peter Drucker meint, nur er sei der wahre Manager, und warnt vor dem Zweiten, dem »Fachidioten«, der leicht das übergeordnete Ziel verfehlt. Erfüllung und Meisterschaft, das sogenannte gelungene Leben auch für Um- und vielleicht sogar Nachwelt, wird aber nur demjenigen zuteil, der eine Kathedrale baut *und* sich selbstvergessen einer Aufgabe widmet. Nur so sind wir immun gegen Sinnkrisen und Burn-out, denn der Sinn ist stärker als jeder Zweck, und Talent, Stärken und *Flow* sind vielversprechende Zutaten für Meisterwerke, gleich welcher Art.

Schon während des Studiums war mir aufgefallen, dass es jenen Studenten, die ein Ziel vor Augen hatten, leichter fiel, das Studium auch abzuschließen. Dieses Ziel ließ sie Durststrecken, die es in jedem Studium gibt – sei es eine oder mehrere nicht bestandene Prüfungen, sei es ein schwieriges und uninteressantes Fach –, leichter überwinden. Das Ziel war auf etwas nach dem Abschluss des Studiums gerichtet: entweder ein starker Berufswunsch oder die Vorstellung einer bestimmten Aufgabe. So war es immer mein Wunsch, Rechtsanwalt zu werden und Menschen mit dem erworbenen Wissen zu helfen. Demgegenüber hatten es Studenten, die nur aus einer gewissen Neigung oder einem allgemeinen Interesse an einem Fach heraus studierten, sehr viel schwerer durchzuhalten, und es führten oft schon kleinere Rückschläge oder Enttäuschungen zum einem Studienabbruch oder -wechsel.

Mir ist bewusst, dass diese Beobachtung anekdotisch ist, doch sie lenkt unsere Aufmerksamkeit auf die Aspekte, die bei der Entwicklung vom Talent zur Stärke gerne übersehen werden: Talente müssen in den Dienst von Zielen und Aufgaben gestellt werden, und die Arbeit am Talent erfordert Anstrengung, Verzicht und das Überwinden des inneren Schweinehunds. Das gilt auch im Beruf. Laut Don Clifton (der uns im nächsten Kapitel ausführlich begegnen wird) sind Talente »natürlich auftretende Gedanken-, Gefühls- und Verhaltensmuster«, in die investiert werden muss. Diese Investition besteht darin, unermüdlich zu üben und dem Talent Fertigkeiten und Wissen hinzuzufügen, damit aus dem Talent eine Stärke wird. Sonst schlägt irgendwann Fleiß Talent, wie Markus Hengstschläger pointiert festgestellt hat.

Wer Ziel und Aufgabe wählt, ist resilienter als jener, der nur nach Geld und Status trachtet. Auch wenn Talent die Voraussetzung für besondere Leistungen ist, ohne das Ziel vor Augen, für das es sich lohnt, jeden Tag aufzustehen und Hindernisse zu überwinden, werden wir unseren Möglichkeiten nicht gerecht, von Spitzenleistungen und Perfektion einmal ganz abgesehen. Neben hoffentlich vielen *Flow-Erleb-*

nissen müssen wir auch immer durch das Tal der Tränen gehen, unsere Ängste überwinden und der Verzweiflung trotzen. Wer nicht bereit ist, das zu akzeptieren, wird am Takel scheitern: gewogen und für zu leicht befunden. Wenn davon die Rede ist, auf Stärken zu bauen, heißt das zuallererst immer, durch konzentrierte Anstrengung und Übung nach etwas zu streben, das größer ist als wir selbst: eine Aufgabe oder ein Ziel. Aufgabenerfüllung im wirklichen Leben ist aber nicht monokausal und einfach, sondern hochkomplex und dynamisch, weshalb wir ständig wachsen und uns anpassen, wenn notwendig auch neu erfinden und über uns hinauswachsen müssen. Nur im Kontext der Aufgabe macht die Schatzsuche Talent Sinn.

In Anknüpfung an die bildliche Allegorie der Kathedrale können wir auch sagen: Wenn der Glaube an den Sinn der Aufgabe das Fundament ist, so sind Talent und Stärken das darauf errichtete Bauwerk. Je besser es uns gelingt, unsere Stärken einzusetzen, desto schöner, mächtiger und höher fällt dieses Bauwerk aus, das nicht uns selbst, sondern Höherem geweiht ist. Es geht nicht darum, Weltbester einer Disziplin zu werden, um *Flow* zu erleben und einer Aufgabe Sinn zu geben. Die eigenen Stärken warten nur darauf, produktiv eingesetzt zu werden. Während der Sinn nur von uns selbst vermittelt werden kann, sind die Fragen nach Talent und Stärken geradezu einfach, wenn auch nicht trivial. Es handelt sich um Handwerk, das sich mit den richtigen Werkzeugen gut erlernen lässt. Talent, Stärke und *Flow* sind als Werkzeuge dabei grundsätzlich wertneutral, ja sogar die Sinnfindung selbst ist es, nur unser Handeln ist es nicht. Worin wir Sinn finden, wofür wir unsere Talente einsetzen, ist und bleibt Willens- und damit Gewissensentscheidung.

Wofür wir uns einsetzen, ist entscheidend. Jede Sozialisation, ob wertkonservativ oder liberal, jedes religiöse Bekenntnis, ob christlich oder islamisch, jedes Milieu, ob humanistisch oder kriminell, ja jede Situation, ob Gulag oder Dschungelcamp, erlaubt es dem Einzelnen, zu entscheiden. Nach bestem Wissen und Gewissen, anständig oder eben nicht. Wie immer die von uns geforderte Entscheidung auch aussehen mag, wir müssen Stellung beziehen – mit unserem »Sinn-Organ« Gewissen.

2 MARTIN SELIGMAN, DON CLIFTON UND DIE ERFINDUNG DES STÄRKENTESTS

» Noch heute sind bemerkenswert wenige Amerikaner bereit, Jobs für sich selbst auszuwählen. Wenn man fragt: ›Wissen Sie, was Sie gut können? Kennen Sie Ihre Stärken?‹, sehen sie uns verdutzt an. Oder sie antworten oft in Bezug auf ihre Fachkenntnisse, was die falsche Antwort ist. Wenn sie ihre Lebensläufe vorbereiten, versuchen sie immer noch, Positionen wie Stufen auf einer Leiter aufzulisten. Es ist an der Zeit, das Nachdenken über Jobs oder Karrierewege aufzugeben und nacheinander Aufgaben anzunehmen. «

PETER DRUCKER

In den USA ist die Glücksforschung untrennbar mit zwei Namen verbunden, nämlich mit Martin Seligman und der Firma Gallup (auf die wir später noch zurückkommen). Martin Seligman forscht und unterrichtet an der University of Pennsylvania, er leitet dort das Positive Psychology Center. Er hat fünfzehn Bücher und Hunderte von Fachpublikationen über Motivation und Persönlichkeit geschrieben. 2011 wurde er sogar für den Friedensnobelpreis vorgeschlagen. Seligman selbst bezeichnet sich als klinischen Psychologen und ist damit ein Vertreter des amerikanischen Behaviorismus.

Bis Mitte der Neunzigerjahre beschäftigte sich die amerikanische Psychologie fast ausschließlich mit Prävention und der Heilung von Krankheiten. Auch Seligman arbeitete zunächst auf dem Gebiet der Prävention, unterstützt vom National Institute for Mental Health, das, konträr zu seinem Namen, fast ausschließlich Förderungen zur Erforschung von Krankheit zu Verfügung stellt. Seligman verbrachte nach eigener Aussage die ersten dreißig Jahre seiner Karriere mit Elend. 1996 wurde er – mit der größten Stimmenmehrheit der Geschichte, wie er selbst gerne betont – zum Präsidenten der American Psychological Association gewählt. Etwa zu dieser Zeit hatte er auch sein Erweckungserlebnis. Er mähte den Rasen, und seine Tochter Nicky, eines von seinen sieben Kindern und seit zwei Wochen fünf Jahre alt, spielte im Gras. Seligman, kinderreich, aber nicht unbedingt kinderlieb, weil zu *time-urgent and task-oriented* (was ich hier frei und durchaus auch aus eigener Erfahrung mit »ungeduldig und leicht genervt« übersetze), schickte seine Tochter weg. Die kam zurück und erklärte ihrem Vater, dass sie seit ihrem fünften Geburtstag nicht mehr gejammert hätte. Vorher sei sie ein *Whiner* gewesen, jetzt nicht mehr. Das zu ändern, sei verdammt hart gewesen. Ob ihm das schon aufgefallen sei? Ja, natürlich, sagte Seligman. »Daddy«, sagte Nicky zu ihm, »wenn ich es schaffe, aufzuhören zu jammern, dann kannst du es auch schaffen, kein Grantler mehr zu sein.« Seligman erkannte in diesem Moment nicht nur, dass er fünfzig Jahre ein Grantler gewesen war, er änderte das nachhaltig und sah die Dinge jetzt positiver. Er erkannte in diesem Moment auch, dass Kindeserziehung nicht fehlerkorrigierend, sondern stärkenfördernd sein sollte. Und letztlich erkannte er, dass Schluss sein musste mit Opfer-, Leidens- und Traumaforschung in den Sozialwissenschaften. Genug damit, unglückliche Menschen weniger unglücklich zu machen. Er würde sich jetzt den großen Fragen des Lebens widmen: Was macht das Leben lebenswert? Was ist Glück? Was sind Werte? Was ist Sinn? Was sind Stärken?

Bekannt geworden war Martin Seligman durch seine Verhaltensforschung an Hunden. Er versetzte ihnen Elektroschocks; eine Gruppe konnte sich durch Betätigung eines Hebels »retten«, die andere Gruppe war den Schocks hilflos ausgeliefert und ließ auch in darauffolgenden Experimenten diese Quälerei passiv über sich ergehen, obwohl ihr, so wie der Kontrollgruppe, eine Fluchtmöglichkeit offengestanden wäre. Seligman fand diese »gelernte Hilflosigkeit« aber auch beim Menschen. Bei seinen Versuchen waren immer nur fünf von acht hilflos, circa ein Drittel jeder Gruppe trotzte den noch so widrigen Ereignissen und blieb optimistisch und gesund. Etwa ein Zehntel war von Anfang an hilflos, da bedurfte es gar keiner Intervention. Seligman bestätigte damit die Ergebnisse von Antonovskys Befragung von Frauen in der Menopause, von denen ebenfalls 29 Prozent trotz Konzentrationslager und Kriegserfahrung geistig gesund und optimistisch geblieben sind. (Wie wir noch sehen werden, sind ungefähr im selben Verhältnis Erwerbstätige emotional mit ihrer Arbeit hoch, wenig oder gar nicht verbunden.)

Mit seinem Erweckungserlebnis wollte sich Martin Seligman nun der Frage widmen, wie sich »gelernte Hilflosigkeit« beziehungsweise Vermeidungsstrategien überwinden ließen; er begann, sich mit Optimismus zu beschäftigen. So wie schon Antonovsky zuvor fand er heraus, dass jene Menschen nicht hilflos wurden, die das Leben und seine Herausforderungen als vorhersehbar und von ihnen kontrollierbar betrachteten. Menschen mit diesem Kohärenzgefühl hatten ein stärkeres Immunsystem, waren weniger depressiv und beruflich erfolgreicher, sie lebten länger und vor allem glücklicher.

Seligman gelang der Paradigmenwechsel. Er richtete die Scheinwerfer neu aus, weg von der psychischen Krankheit und hin zu Freude, Glück, *Flow* und Sinn – aber auch zu Verantwortung, Stärken, Wille und Charakter. Ein Teil der Forschungsgelder folgte ihm und den neuen Behandlungen, die trotz aller berechtigter Kritik halfen, viele Lebensbereiche glücklicher, produktiver und erfüllender zu gestalten.*

Martin Seligman unterscheidet drei Formen des Glücks, das lustvolle, das gute und das sinnvolle Leben, und er untersucht, inwiefern sie pharmakologischer Intervention zugänglich sind (als klinischen Psychologen interessieren ihn vor allem die »therapeutischen« und medikamentösen Perspektiven der Positiven Psychologie). Für das lustvolle Leben gibt es mannigfaltige Interventionen, von der Völlerei über Alkohol bis hin zu Drogen in Form von legalen Antidepres-

* An dieser Stelle seien kurz die Mitstreiter erwähnt, die Martin Seligman für seine Bewegung gewann. Neben Csíkszentmihályi waren es vor allem Ed Diener von der University of Illinois in Urbana-Champaign, dessen Spezialgebiet »subjektives Wohlbefinden« war; George Vaillant, der in Harvard ein Projekt leitete, das versuchte herauszufinden, was Hochschulabsolventen erfolgreich macht; und nicht zuletzt Christopher Peterson von der University of Michigan, bei dem Seligman eine Klassifikation von Stärken und Tugenden in Auftrag gab und der sich auf den Weg machte, universelle erstrebenswerte Charaktereigenschaften auf der ganzen Welt zu sammeln, zu bewerten und zu kartografieren. Sie war das Herzstück der Positiven-Psychologie-Bewegung und sollte das Gegenteil der Klassifizierung der psychischen Störungen (*Diagnostic and Statistical Manual of Mental Disorders*, kurz DSM) werden. Das Team um Peterson einigte sich auf sechs Eigenschaften, sogenannte Kerntugenden *(Core Virtues)*, und achtundzwanzig Charakterstärken *(Character Strengths)*, die es in allen Kulturen gibt und die dem Leben einen Sinn geben. Die sechs Kerntugenden sind Wissen, Mut, Humanität, Gerechtigkeit, Mäßigung und Transzendenz, zu den Stärken zählen Neugier, Lernen, Integrität, Liebe, Selbstbeherrschung, Bescheidenheit, Hoffnung und Humor.

siva und illegalem Ecstasy. Sie alle spielen mit neuronalen Schaltkreisen und stimulieren Teile des Gehirns, sind »Abkürzungen zum Glück«.

Die zweite Form des Glücks, Seligman nennt sie »Eudämonie«, ist *Flow*, jenes Phänomen, das sein Freund Csíkszentmihályi erforscht und beschrieben hat. *Flow* lässt sich dadurch erreichen, dass wir unsere Talente zur Entfaltung bringen, indem wir sie zu Stärken ausbauen und uns einer Tätigkeit hingeben, im Zuge derer wir diese Stärken einsetzen können.*

Seligman beschreibt *Flow* anhand einer Geschichte aus seiner Studentenzeit in Princeton, wo es einen wissenschaftlichen Mitarbeiter namens Julian Jaynes gab. Julian war die Aufgabe übertragen worden, südamerikanische Laboreidechsen zu füttern. Alles, was den Eidechsen angeboten wurde, ob tote Fliegen, Papaya oder chinesisches Take-away, lehnten sie ab, und ein Tier nach dem anderen verhungerte. Eines Tages kam Julian vom Mittagessen und versuchte die Eidechse mit einem Schinkenbrot zu füttern, aber wie immer lehnte sie ab. Achtlos legte er das Schinkenbrot auf den Tisch und fing an, die *New York Times* zu lesen. Irgendwann lag der erste Teil der Zeitung auf dem Brot. »Die Eidechse warf einen Blick auf diese Konfiguration, stellte sich auf die Hinterbeine, stolzierte durch den Raum, sprang auf den Tisch, zerfetzte die *New York Times* und aß das Schinkensandwich. Die Moral ist, dass Eidechsen nicht kopulieren und nicht essen, es sei denn, sie gehen zuerst ihre Stärken

---

* So ist Amerika. Mit einem Milliardenaufwand wird eine Dichotomie der Glücks- und Wahnsinnsdiagnostik erschaffen. Der Berg kreist und gebiert eine Maus. In Europa setzt sich der Philosoph an den Schreibtisch, denkt nach und schreibt ein Buch, zum Beispiel über Logotherapie. Beide Wege führen nach Rom und kommen im Wesentlichen zu denselben Ergebnissen.

und Tugenden durch. Sie müssen jagen, töten, schreddern und sich anschleichen. Und obwohl wir viel komplexer sind als Eidechsen, müssen wir es auch. Es gibt keine Abkürzung für uns, um *Flow* zu erreichen. Wir müssen uns unseren besten Stärken hingeben, um Eudämonie zu erreichen. Kann es also eine Abkürzung, eine Pharmakologie geben?« Seligman bezweifelt es.

Die dritte Form des Glücks für Seligman bedeutet, Sinn im Leben zu erfahren, und zwar dadurch, dass man seine Stärken in den Dienst von etwas stellt, von dem man überzeugt ist, dass es größer ist als man selbst. »Das Ich ist kein sehr guter Ort für Sinn, und je größer die Sache ist, der Sie sich hingeben können, desto mehr Sinn macht das Leben [...] Dafür gibt es keine Abkürzung. Darum geht es im Leben. Es wird wahrscheinlich eine Pharmakologie des Vergnügens geben, und es kann im Allgemeinen eine Pharmakologie der positiven Emotionen geben, aber es ist unwahrscheinlich, dass es eine interessante Pharmakologie des *Flows* geben wird. Und es ist unmöglich, dass es eine Pharmakologie von Sinn gibt.«

Seligmans Verdienst liegt unzweifelhaft in seinem unermüdlichen Einsatz für die Idee des gelernten Optimismus, dem stärkenorientierten Arbeiten und der Bedeutung von *Flow-Erleben*. Mit seinen Büchern (darunter die Bestseller *Learned Optimism* und *Authentic Happiness*), aber auch mit dem von ihm geleiteten Positive Psychology Center hilft Seligman, Stärken zu erkennen.* Das Wissen um unsere

* Die Website des Positive Psychology Center (sie trägt ebenfalls den Titel *Authentic Happiness*) möchte nach eigenen Angaben den Menschen die Positive Psychologie durch Lesungen, Videos, Forschungsberichte etc. näherbringen. Die Webseite bietet mehr als 25 Fragebögen zur Selbsterkenntnis an, die Nutzung ist kostenlos.

eigenen Stärken ist ein wichtiger Akt der Selbsterkenntnis, diejenigen der Mitarbeiter zu kennen und sie dabei zu unterstützen, sie bei der Aufgabenerfüllung wirksam einzusetzen, wichtigster Schritt in Richtung einer gelungenen Personalentwicklung. Dafür gebührt Seligman Dank.*

Ein weiterer entscheidender Vertreter der Positiven Psychologie ist das Gallup Institut, das seit Mitte der Dreißigerjahre Meinungsumfragen zu wirtschaftlichen, sozialen und politischen Themen durchführt. Berühmt wurde es durch seine Voraussagen zu den Präsidentenwahlen in den USA. Seit 2005 werden die *Gallup World Polls* durchgeführt, Umfragen in 160 Ländern, die 98 Prozent der Erwachsenenpopulation abdecken und globale Indizes zu Recht und Ordnung, Nahrung und Wohnen, Institutionen und Infrastruktur, Wohlbefinden und Talentzuwanderung *(Braingain)* und auch zum Engagement am Arbeitsplatz erstellen. Nach dem Tod seines Gründers George Gallup erwarb der Psychologe Don Clifton das Unternehmen und baute es zu einer *Management-Consulting*-Firma um. Heute ist Donald Cliftons Sohn Jim *Chairman* und CEO der Organisation mit Sitz in Washington, D.C. Das Unternehmen ist im Eigentum seiner 2000 Mitarbeiter und hat über zwanzig Geschäftsstellen in den USA. Obwohl die *Gallup Polls* einen negativen Deckungsbeitrag von zehn Millionen Dollar jährlich erwirtschaften, hält Gallup an ihnen fest, produzieren sie doch regelmäßig Schlagzeilen und sorgen damit für die Aktualität des Unternehmens. Hauptumsatzträger ist heute der Geschäftszweig des *Management Consultings*.

---

* Zur weiteren Beschäftigung mit Martin Seligman sei die Seite *https://www.edge.org/conversation/martin_seligman-eudaemonia-the-good-life* empfohlen.

Don Clifton war im Zweiten Weltkrieg Steuermann und Schütze eines B-24-Bombers. Nach Auszeichnung mit dem *Distinguished Flying Cross* beschloss er, von nun an nur mehr Gutes für die Menschheit zu tun. Mitte der Neunzigerjahre, lange vor Seligmans Erweckungserlebnis, stellte er sich die einfache Frage: »Was würde geschehen, wenn wir nicht mehr danach fragten, was Mitarbeiter falsch machen, sondern danach, was sie richtig machen?«

Clifton begann seine Studien in der Bibliothek der University of Nebraska-Lincoln und stellte einmal mehr fest, dass es in allen Psychologiebüchern nur darum ging, was den Menschen krank machte, und nicht darum, was ihn gesund erhielt. Clifton wollte, dass die Menschen ihr Potenzial voll ausschöpften und dass sie nicht nur »verstehen, wer sie sind, sondern auch, wer sie werden können«. Er erfand den *Clifton StrengthsFinder* und stellte das Konzept in seinem Bestseller *Entdecken Sie Ihre Stärken* vor (die Idee eines Stärkentests hat der verstorbene Chip Anderson entwickelt, ein evangelischer Pädagoge in Kalifornien). 2003, kurz vor seinem Tod, wurde Don Clifton für sein Werk von der American Psychological Association als Begründer der Positiven Psychologie ausgezeichnet.

Mit Marcus Buckingham und Curt Coffman an Bord, zwei weiteren einflussreichen Vertretern der Positiven Psychologie, wurden für Gallup *CliftonStrengths* – früher der *Clifton StrengthsFinder* – und der *Employee Engagement Survey Q12* entwickelt, der dem Institut vor allem als Einstieg für die weitere Kommerzialisierung verschiedener Consulting-Leistungen dient. Coffman bietet mittlerweile einen eigenen *Employee Engagment Survey* an.

Ein weiteres Standbein des Unternehmens ist *Gallup Press*, die interne Verlagsabteilung. Der Management-Bestseller

First, Break All the Rules: What the World's Greatest Managers Do Differently von Marcus Buckinghams und Curt Coffmans ist hier erschienen, ebenso die aktualisierte Version des *StrengthsFinder 2.0* namens *Now, Discover Your Strengths* sowie *How full is your bucket?*, verfasst von Gallup-Wissenschaftler Tom Rath und seinem Großvater – Don Clifton (man könnte versucht sein zu sagen: *Family Business* eben).*

Buckingham und Coffman vertreten im Wesentlichen dieselben Grundsätze wie Fredmund Malik in seinem Buch *Leben, Leisten, Führen*. Der Unterschied ist, dass Malik sie aus Erfahrung und Reflexion gewinnt, während Gallup zumindest vorgibt, gemessen zu haben, was erfolgreiche Unternehmen und Führungskräfte anders machen (zusammengefasst von Buckingham/Coffman). Beide Denkschulen betonen zu Recht, wie wichtig Ziel-, Aufgaben- und Stärkenorientierung sind (es ist immer wieder beruhigend, dass philosophische Betrachtung und wissenschaftliche Empirie zum selben Ergebnis kommen).

Seit 1999 haben nach Aussage des Gallup Instituts mehr als 22 Millionen Menschen den *CliftonStrengths*-Test gemacht, über neunzig Prozent der Fortune-500-Unternehmen nutzen den Test, um Führungskräften und ihren Teams eine stärkenorientierte Mitarbeiterentwicklung näherzubringen. Der Test folgt dem Modell der Positiven Psychologie und erfasst in 180 Fragen 34 Themen in den Dimensionen »Erledigen«, »Beeinflussen«, »Soziale Kompetenz« und »Strategisches

* Nicht umsonst ist Gallup dem Vorwurf der Geschäftemacherei ausgesetzt. Um den Test zu machen und 5 von 34 Persönlichkeitskonstrukte zu erfahren, muss man das Buch *Now, Discover Your Strengths* kaufen. Das Buch erläutert das Konzept und beinhaltet sodann einen Gutschein mit einem Code, der den Test auf der Gallup-Website ermöglicht. Möchte man alle 34 »Stärken« angezeigt bekommen, kostet das 500 US-Dollar, will man eine vollständige Interpretation der Testresultate, stehen gar 1750 US-Dollar zu Buche.

Denken«. Glaubt man den Angaben von Gallup, hilft der Test, Begabungen bei sich und anderen besser zu erkennen.

Alle Stärken haben sogenannte *Balconies* und *Basements,* also den »Balkon« einer richtig und wirksam eingesetzten Stärke und den »Keller« einer überbeanspruchten. Die Stärken Neugier und Wissbegierde beispielsweise können dazu führen, dass man in seinem Fachgebiet immer auf dem neuesten Stand ist (Balkon), aber auch dazu, dass man sich heillos verzettelt und das Ziel aus den Augen verliert (Keller). Disziplin kann zu obsessivem Perfektionismus werden. Selbstvertrauen zu Selbstüberschätzung und Arroganz. Ambition zu Gier. Vorstellungskraft zu Exzentrik. Harmonie zu Permissivität. Bestimmtheit zu Tyrannei, Vorsicht zu Risikoaversion und so weiter. Je mehr wir uns selbstreflektiert mit unseren Stärken beschäftigen und je weniger wir sie in den Kontext der konkreten Aufgabe stellen, desto größer ist die Gefahr der Selbsttäuschung. Ob ein Talent etwas taugt, wie kompetent und wettbewerbsfähig wir also sind, können wir nicht selbst bestimmen, sondern das wird in der Welt draußen definiert. Ein Test, der die subjektive Selbstwahrnehmung nicht durch eine normative Fremdeinschätzung objektiviert, ist für Auswahl von Mitarbeitern weitgehend unbrauchbar und für viele weitere Anwendungen bei der Personalentwicklung zumindest fragwürdig.

In der Personalarbeit sollten Schwächen nicht tabuisiert werden: Leider kommt es vor, dass Personalabteilungen den stärkenbasierten Ansatz dort zu Beschönigung und Beschwichtigung missbrauchen, wo es nichts zu beschwichtigen gibt. Dann wird die Thematisierung von Schwächen abgeschafft, und es darf nicht einmal das Wort benutzt werden; Schwächen werden zu Herausforderungen, Entwicklungsmöglichkeiten oder sogar zu »kleineren« Stärken. Das mag vielleicht für notorisch Konfliktscheue eine angenehme Begleiterscheinung darstellen, eine sinnvolle Konfliktvermeidungsstrategie ist es aber nicht. Denn damit wird das potenziell erfolgreiche Entwicklungsinstrumentarium »Stärken stärken« karikiert und dient nicht dem Sich-messen-in-der-Welt, sondern ausschließlich der in Tausenden Selbsthilfebücher des positiven Denkens propagierten Beschäftigung mit sich selbst: Selbstverwirklichung in Form von Selbstentdeckung, Selbstentwicklung, Selbstverwöhnung als Antipoden zu der für die Sinnfindung notwendigen Selbstvergessenheit.

Die Positive Psychologie, mit der Martin Seligman und die Firma Gallup untrennbar verknüpft sind, ist heute vielfältiger Kritik ausgesetzt. Die wohl fundamentalste Kritik und gleichzeitig wichtigste Anregung kommt aber von den Schülern Frankls. Diese fordern, angesichts der zunehmenden Nachweise für die entscheidende Rolle von Sinn für Wohlbefinden und Heilung, mehr sinnorientierte Studien. Wie diese aussehen könnten und ob die Positive Psychologie überhaupt auf den Vorschlag eingehen wird, bleibt abzuwarten.

Als ich Seligman darauf ansprach, dass seine Veröffentlichungen und Websites der Positiven Psychologie Frankls Werk ignorieren, antwortete er wie folgt: »Lieber Volker, nun, das ist merkwürdig, da ich regelmäßig über Viktor Frankl unterrichte. Tatsächlich habe ich gerade dieses Wochenende sein Buch (Anm.: *Man's Search for Meaning*) meiner Klasse zum Lesen gegeben. Wenn ich die Gelegenheit habe, schaue ich in meinen Zitaten nach, ob ich ihn tatsächlich nicht zitiert habe, obwohl seine Arbeit über Sinn von so großer Bedeutung ist. Alles Gute, Martin.«

Es wäre tatsächlich ein großes Verdienst, wenn Seligman der von ihm begründeten Bewegung dazu verhelfen könnte, ausgewogener zu werden. Also nicht nur einfache Aktivitäten, sondern auch Leid und Tod als lebensnotwendige Sinnerfahrungen miteinzubeziehen, weniger Labor und mehr Wirklichkeit zuzulassen, weniger wissenschaftlich reduktionistisch und mehr ganzheitlich und humanistisch-existenziell zu denken. Schlicht das Beste aus amerikanischer Empirie und europäischer Dialektik zu vereinen. Der Bewegung würde damit zu neuer pluralistischer Bescheidenheit verholfen. Mit sinnorientierten Interventionen könnten wir unsere Sehnsucht nach Sinn und Selbsttranszendenz verwirklichen helfen. Es bleibt zu hoffen, dass die Bewegung der Positiven Psychologie, ergänzt um die Erkenntnisse der Frankl'schen Philosophie, in den nächsten Jahrzehnten Schule machen wird, in Europa wie in den USA. Denn nur eine Besinnung auf die Grundsätze Viktor Frankls würde die Positive Psychologie substanziell weiterbringen.

Wie Unternehmen und Mitarbeiter bei Red Bull gemeinsam zu einem sinnorientierten Arbeiten gelangen

> »Talent ist im Wesentlichen Persönlichkeit am richtigen Platz.«
>
> TOMAS CHAMORRO-PREMUZIC

Jeder weiß, was er nicht gerne tut. Was Energie raubt. Das sind die Dinge, die wir vermeiden oder die wir schnell und mit Widerwillen erledigen. Man sollte meinen, nur Masochisten würden einen Beruf wählen, der vorwiegend aus derartigen Tätigkeiten besteht. Leider folgt dieser Anleitung zum Unglücklichsein die Mehrzahl der Arbeitnehmer. Wie bereits erwähnt, belegt der *Gallup Engagement Index* (durchgeführt unter Millionen von Erwerbstätigen) regelmäßig, dass nur circa fünfzehn Prozent eine hohe emotionale Bindung zu ihrer Arbeit haben, siebzig Prozent eine geringe und wiederum fünfzehn Prozent gar keine. Die Ergebnisse variieren von Jahr zu Jahr und von Land zu Land, die Grundaussage bleibt aber dieselbe: Statistisch sind bestenfalls zwei von zehn Mitarbeitern in den Unternehmen engagiert und bei der Sache, mindestens einer hat bereits innerlich gekündigt oder arbeitet gegen das Unternehmen, und sieben machen Dienst nach Vorschrift. Wenn man dann noch diejenigen Mitarbeiter abzieht, die erst im *Onboarding*-Prozess sind, wird deutlich, welche Potenziale brachliegen. Im Fußball würde eine solche Situation wie folgt aussehen: Von den elf Spielern am Feld spielen nur drei mit vollem Einsatz, einer von ihnen ist aber erst U16 und zählt daher nur halb auf dem Rasen, sieben schieben lustlos den Ball in der Verteidigung hin und her, und einer ist von der Wettmafia gekauft und spielt für die gegnerische Mannschaft. Da es aber beim Gegner ähnlich aussieht, endet das Spiel unentschieden. Gäbe es Zuschauer, würden diese das Stadion sofort verlassen und nie wiederkommen. Es wäre eine Bankrotterklärung und das Ende der Sportart Fußball.

Es gibt einige Faktoren, die diese Situation der Leidenschaftslosigkeit in Unternehmen noch verstärken: die Ungewissheit am Arbeitsmarkt, Angst vor Veränderung und – wenngleich nur vereinzelt – Überbezahlung. Aber auch arbeitspolitische Rahmenbedingungen können demotivieren: So ist in Ländern mit strengem Kündigungsschutz das *Engagement Level* noch niedriger als sonst. Wir sollten Menschen, die nicht bei der Sache sind und nicht *für ein*, sondern nur mehr *in einem* Unternehmen arbeiten, ermutigen, sich zu verändern und neue Herausforderungen zu suchen. Die gesetzlichen Rahmenbedingungen sollten das unterstützen. Das Gegenteil ist jedoch der Fall: Abfertigungs- und Pensionsansprüche, die bei Selbstkündigung verfallen, sowie übertriebener Kündigungsschutz sind oftmals die Gründe, weshalb es nicht dazu kommt.

Was würde passieren, wenn sieben von zehn Mitarbeitern motiviert wären? Es wäre eine Produktivitäts- und Innovationsexplosion. Umsätze und Gewinne würden signifikant steigen und Fluktuationsraten sinken. Die Zugewinne aus Steuern und Betriebsergebnissen könnten in die Talentförderung und Flexibilisierung investiert werden. Es wäre eine Revolution im Management von Wissensarbeit.

Um uns dieser Utopie ein Stück näherzubringen, müssen sich Unternehmen und Mitarbeiter gemeinsam Gedanken machen, wie man an Aufgaben sinnorientiert arbeitet. Talent ist ja bekanntlich Persönlichkeit am richtigen Ort, wie der Psychologe Tomas Chamorro-Premuzic so schön sagt. Die zentrale Frage lautet daher: Wo liegen die einzigartigen Begabungen der Mitarbeiter und wo ist der richtige Platz, um sie wirksam für das Unternehmen einzusetzen? Glaubt man Gallup, so haben Unternehmen, die eine stärkenorientierte Entwicklung fördern, engagiertere Mitarbeiter und dadurch signifikant weniger Fluktuation, signifikant höhere Leistung und dadurch erwartungsgemäß auch höhere Umsätze und Gewinne. Menschen, die auf ihre Stärken vertrauen, sind deutlich glücklicher, erleben häufiger *Flow*, machen schneller Karriere und bleiben länger im Job.

Wenn ich nun im Folgenden ein solches Zusammenspiel von Unternehmen und Mitarbeiter in Richtung eines sinnorientierten Arbeitens konkretisiere, so berufen sich meine Einschätzungen stets auf meinen Erfahrungsschatz aus dem

Unternehmensalltag von Red Bull. Da Red Bull aber seit jeher ein sinnorientiertes Management pflegt – und dafür von seinen Mitarbeitern (und auch von potenziellen Bewerbern) geschätzt wird –, lässt sich das Folgende leichthin in eine generelle Empfehlung übersetzen. Freilich mit persönlicher Note.

Fangen wir mit den Mitarbeitern an. Welches sind die entscheidenden Schritte, sowohl im Vorfeld der Bewerbung als auch mit Eintritt in ein Unternehmen? Es ist immer wieder erstaunlich, dass viele Menschen sich ihrer Begabungen, Stärken und Schwächen wenig bewusst sind und damit auch keine Vorstellung haben, was genau sie machen wollen. Sie bewerben sich nicht für eine Aufgabe, sondern eine Stelle in einem Unternehmen. Verständlicherweise stehen attraktive Arbeitgeber ganz hoch im Kurs der Bewerber. Eine solche *Employer Value Proposition*, kurz EVP, hängt maßgeblich von den Faktoren Marktanteil, Innovationsfähigkeit und Produktivität eines Unternehmens ab. Eine hohe EVP ist gleichzusetzen mit vielen Bewerbern um wenige Stellen. Die Umfrage unter mehr als 10 000 Studenten an 34 Hochschulen in Österreich zeigt, dass Red Bull regelmäßig der beliebteste Arbeitgeber unter Studenten ist. Das ist erfreulich für Red Bull und zeigt, dass nach Einschätzung der Studenten das Unternehmen gute Zukunftsperspektiven bietet. Red Bull ist in seinen Geschäftsfeldern Weltmarktführer und in seiner Branche der Inbegriff von Innovation, weshalb den Studenten nur beigepflichtet werden kann. Als Mitarbeiter wird man in diesen Unternehmen also generell ein gutes Umfeld vorfinden und, statistisch gesehen, auch bessere Aufstiegschancen haben.

Die schlechte Nachricht ist, dass nur sehr wenige Absolventen die Chance bekommen werden, bei einem der Top

Unternehmen zu arbeiten. Red Bull Österreich bekommt pro Quartal circa 8000 Bewerbungen. Nur die wenigsten Bewerber haben eine Chance auf einen der begehrten Arbeitsplätze. (Die gute Nachricht: Die Aufgabe ist viel wichtiger als das Unternehmen, und es gibt mehr als nur ein gutes Unternehmen in jeder Branche, das ein solides Arbeitsumfeld bietet.)

Von den 8000 Bewerbern bei Red Bull wollen viele nur »bei einem coolen Unternehmen arbeiten«, der Job ist »Nebensache«, ganz nach dem Motto: »Ich mache alles, Hauptsache auf meiner Visitenkarte steht Red Bull und ich bekomme ein Firmenauto.« Die Kandidaten sollten sich aber fragen, ob ihnen die Aufgabe voraussichtlich Sinn und Freude bereiten wird, ob sie ihr gewachsen sind und ob sie ihre Stärken einbringen können. Nicht vorrangig die Stelle, sondern die mit der Position verbundenen Aufgaben entscheiden darüber, ob man seine Begabungen einbringen kann. Von Anfang an sollte also die Aufgabe im Vordergrund stehen, nicht das Unternehmen, die Stelle, das Geld oder die Karriere. Bewerber, die weniger über Entlohnung und Position nachdenken und verhandeln, dafür aber mehr Fragen zu den Erwartungen des Arbeitgebers und ihrer konkreten Tätigkeit im Arbeitsalltag haben, finde ich persönlich immer erfrischend.

Idealerweise ist die Berufswahl eine konsequente Fortsetzung der Talentförderung in der Schule und Universität. Je höher der Spezialisierungsgrad in der Ausbildung, desto geringer sind die beruflichen Wahlmöglichkeiten. Wer sein Talent kennt, kann früh die Spezialisierung wählen. Wer sich unsicher ist, ist gut beraten, sich breiter aufzustellen. Es mag trivial klingen, aber Voraussetzung für eine eigenverantwortliche Berufsentscheidung ist, dass man die Wahl so weit wie möglich unabhängig von den Vorstellungen der Außenwelt trifft. Ohne die entsprechenden Neigungen sollte man sich für einen Beruf nicht nur deshalb entscheiden, weil er von den Eltern ausgeübt wird, ein Familienbetrieb vorhanden ist oder weil vielleicht ein Ausbildungsplatz in der Nähe gerade eine offene Stelle hat. Auch die Berufsaussichten in einer Branche ändern sich und können nicht alleinige Orientierung sein.

Bevor man in ein Unternehmen eintritt, sollte man zudem seine Ausbildung abgeschlossen haben. Der Übertritt vom Studium in die Arbeitswelt ist eine Zäsur, die umso leichter fällt, je klarer die Abgrenzung der beiden Lebensbereiche erfolgt. Der ewige Student, der nebenbei jobbt, ist Sinnbild dieses unbewältigten Übergangs.

Genauso wichtig wie die erste Berufswahl ist auch die Möglichkeit, in jungen Jahren auszuprobieren, was einem liegt und wie man seine Talente zu echten Stärken entwickeln kann. Je vielseitiger der Job, je mehr man ausprobieren kann, desto besser. Im Zeitalter der Wissensarbeit ist das Leben ein ständiger Lernprozess. Bei jedem Berufswechsel, manchmal auch nur bei einem Stellenwechsel, sollten wir uns fragen, ob unser Talent am richtigen Platz ist. Meine Empfehlung wäre, periodisch, zum Beispiel immer zu Jahresbeginn, zu hinterfragen, was zum Wohl des Unternehmens unternommen werden muss und welchen Beitrag ich selbst beziehungsweise mit meiner Abteilung dazu leisten kann. Welche Tätigkeiten liegen mir persönlich? Was kann ich delegieren oder an Leute abgeben, die das besser können als ich? Nicht nur *worin*, sondern vor allem *warum* habe ich Erfolg, warum Misserfolg? Das alles sollte man sich vor Augen halten, wenn man seine Berufswahl trifft, sich bewirbt oder seine Jahreszielsetzungen plant.

Eine Vielzahl der Arbeitnehmer hat allerdings nur einen begrenzten Aufgabenbereich. Kann man diesen nicht ändern, so muss man sich selbst und seine Einstellung ändern. Martin Seligman erzählt die Geschichte eines *Baggers* bei Genuardi, einer Kaufhauskette, die mittlerweile von Safeway übernommen worden ist. Ein *Bagger* ist in Amerika jemand, der den Einkauf von Kunden nach der Bezahlung einpackt. Wir in Europa benötigen diese wertvolle Dienstleistung offensichtlich noch nicht. Diese Einpackerin schätzte ihren Job nicht besonders, vermutlich war er ihr zu eintönig. Jedenfalls machte sie Seligmans Test, und es stellte sich heraus, dass eine ihrer wesentlichen Stärken ihre soziale Intelligenz war. Ab nun betrachtete sie das Einpacken der Lebensmittel als Gelegenheit, mit den Kunden ins Gespräch zu kommen. Das Packen wurde zur Nebensache, das Gespräch mit den Kunden kurzweiliger Zeitvertreib. Ihr Job, der für sie bislang langweilig war, wurde überwiegend zu einem *Flow-Erleben*, bei dem die Zeit nur so verflog.*

Kommen wir nun zum Beitrag des Unternehmens. Unternehmen, die auf Stärken statt auf Schwächen von Menschen setzen, werden danach trachten, dass positives Denken, das Gefühl, etwas bewegen zu können, das Engagement für eine Aufgabe sowie das Verbundensein mit anderen Menschen und Sinnfindung durch einen wertvollen Beitrag zum Ganzen im Vordergrund stehen.

---

* Buckingham und Coffman liefern in *First, Break All The Rules* zahlreiche weitere plakative Beispiele, an denen in ganz alltäglichen Berufen Spitzenleistungen von Mitarbeitern erbracht werden, die ihre Talente und Stärken an den richtigen Stellen im Unternehmen einsetzen, sei es als Lastwagenfahrer, Reinigungskraft oder Verkäufer.

Wir erinnern uns: Sinnfindung bedeutet, sich für etwas einzusetzen. Als Gewissensentscheidung enthält Sinnfindung ein persönliches Werturteil, weshalb Sinn nicht einfach vorgeschrieben oder durch Anreize erzeugt werden kann. Sinnfindung als Voraussetzung nachhaltiger Motivation kann nicht kollektiv verordnet, sondern nur persönlich gefunden werden. Es gilt aber zu bedenken, dass die Sinnfindung je nach Lebensabschnitt unterschiedlich ist. Sie definiert sich für den Berufseinsteiger in der Regel anders als für eine Führungskraft mit zehn Jahren Berufserfahrung und Familie, und wieder ganz anders für jemanden, der kurz vor der Pension steht. Keine Organisation vermag es, allen Mitarbeitern mit ihren unterschiedlichen Lebensentwürfen und Biografien im Wandel der Zeit Sinn zu vermitteln. Es gibt daher keine sinnstiftende Organisation, sondern nur sinnstiftende Aufgaben. Wer hier seine Wahl gut trifft, wird gerne und länger arbeiten und bessere Leistungen erbringen.

Diese Aufgabe muss allerdings jeder für sich selbst finden. In fast dreißig Jahren habe ich es nicht oft erlebt, dass Dietrich Mateschitz jemanden gefragt hat, ob er eine Aufgabe übernehmen wolle. Einmal betraf es mich selbst. Es war Mitte der Zweitausenderjahre, als Mateschitz mich wie beiläufig und am Rande von Verhandlungen in der Formel 1 in London wieder einmal im Taxi fragte, ob ich sein Assistent werden wolle. Mir war die implizite Tragweite dieser Frage damals nicht bewusst. Meine Aufgabe damals war der Aufbau einer Personalabteilung, und ich hatte als Leiter der Rechtsabteilung alle Hände voll zu tun. Ich habe ihm das gesagt, und damit war das Thema erledigt. Er hat wenig später einen anderen Assistenten eingestellt, der mich viele Nerven gekostet hat. Trotzdem bereue ich meine Entscheidung von damals nicht. Es war die richtige.

Red Bull hat seine Personalarbeit konsequent sinn- und stärkenorientiert ausgerichtet. Jedem Mitarbeiter wird ein Stärkentest für seine Entwicklung empfohlen, *Strength Workshops* werden einzeln oder im Rahmen der zweitägigen Mitarbeiterfortbildung, dem *People Management Program,* kurz PMP, angeboten. Alle zwei Jahre messen wir das *Engagement* in den Abteilungen mit unserem eigens dafür entwickelten *My Experience Engagement Tool.* Dabei wird entlang der Dimensionen »Sinn«, »Freiheit & Verantwortung«, »Stärkenorientierung« sowie »Beziehungsorientierung« sowohl der Beitrag des Managers, aber auch jener der Mitarbeiter ganz im Sinne der Selbstverantwortung nach Frankl gemessen.

Das *Engagement* einer Organisation lässt sehr genaue Rückschlüsse über Management und zukünftige Fluktuationsraten zu. Das ist eine wertvolle Information für die Unternehmensleitung. Fluktuationsraten von dreißig Prozent und mehr bedeuten zum Beispiel, dass man es im vierten Jahr mit einer zumindest statistisch vollkommen neuen *Workforce* zu tun hat. Wichtig sind auch *Exit*-Befragungen einschließlich eines *Net Promoter Scores,* der Aussagen darüber erlaubt, inwiefern ausscheidende Mitarbeiter die Organisation weiterempfehlen. Der *Engagement Survey* wird jedes Jahr anonym durchgeführt. Die Mitarbeiter bekommen die Ergebnisse noch vor dem Vorgesetzten, diskutieren sie und geben Feedback.

Das Wissen um die Stärken der Mitarbeiter und ihr jährliches Feedback helfen dabei, für sie die richtigen Aufgaben zu finden, und es schützt in der Praxis davor, der rhetorischen Frage zu erliegen, weshalb denn der Mitarbeiter nicht so perfekt ist wie erwartet oder erhofft. Des Rätsels Lösung liegt nahe: Vielleicht hat er nur andere Talente. Talente und Stärken im Kontext der Aufgaben zu fördern, ist jene Wertschätzung, die Frankl meinte, wenn er sagte, man möge den Menschen als das nehmen, was er sein könnte. Es ist das Gegenteil der reduktionistischen Mitarbeitersuche anhand von Kompetenzprofilen, die spätestens dann überholt ist, wenn Menschen mit Talenten ins Unternehmen eintreten. Ein Talent zu erkennen und es zur Stärke auszubauen wird zum wichtigen Entwicklungswerkzeug.

Wie bereits erwähnt, bekommt Red Bull tagtäglich Tausende von Bewerbungen. Im Jahr sind es weltweit annähernd eine halbe Million auf vielleicht 5000 offene Stellen. Im berühmten *War of Talents* ist man also ganz vorn mit dabei. Die Suche nach den richtigen Talenten für wenige Stellen gleicht allerdings der Suche nach der Nadel im Heuhaufen. Und dann sind die Bewerber ja auch unsere Konsumenten. Wer sich die Mühe macht, sich bei Red Bull zu bewerben, der will in den meisten Fällen nicht nur einen Job, sondern er identifiziert sich mit der Welt von Red Bull und möchte ein Teil von ihr werden. Wir haben also gegenüber unseren Bewerbern nicht nur eine Verantwortung als potenzieller Arbeitgeber, sondern jene sind überwiegend Produktnutzer und als solche markenaffin. Dietrich Mateschitz legte deshalb von Anfang an sehr viel Wert darauf, dass jeder Bewerber eine persönliche Antwort bekam. Ursprünglich hat er diese Antworten selbst verfasst, dann jedoch einer Personalberatung übertragen, heute ist es Aufgabe der Personalabteilung von Red Bull. Aber wie antwortet man einer halben Million Bewerbern im Jahr persönlich?

Indem man ihnen etwas zurückgibt. Was liegt näher, als einen Bewerber dabei zu unterstützen, sich selbst näher kennenzulernen. Wir nutzen dafür den *Red Bull Wingfinder*. Das ist ein kostenloser und stärkenbasierter Test, der all unseren Bewerbern hilft, ihre Talente und Fähigkeiten besser einzuschätzen. Im Gegensatz zu Cliftons *StrengthsFinder*, der nur die subjektiven Ergebnisse der eigenen Befragung im Test berücksichtigt, nicht aber die der anderen Teilnehmer und daher wegen der fehlenden normativen Überprüfung als Entwicklungs- und Auswahlkriterium versagt, lässt der *Red Bull Wingfinder* Aussagen über die objektive Eignung als Wissensarbeiter zu. Es ist unsere Art, Danke für die Bewerbung bei Red Bull zu sagen. Aus Kostengründen kommen solche Tests normalerweise nur am Ende des Bewerbungsprozesses und nur für wenige potenzielle Kandidaten zum Einsatz. Uns hilft er ganz am Anfang des Bewerbungsprozesses, die Stärken einer Vielzahl von Bewerbern besser einzuschätzen und zu entscheiden, ob die Person für eine bestimmte Stelle bei Red Bull geeignet ist. Der *Wingfinder* ist damit sowohl *Strengths-Feedback-* als auch *Selection-Tool.*

Der Test wurde von Red Bull und einem Expertenteam von Psychologieprofessoren entwickelt, allen voran von Dr. Tomas Chamorro-Premuzic, Professor of Business Psychology am University College London und an der Columbia Universität und *Chief Innovation Officer* von Manpower. Der Red Bull Wingfinder basiert auf dreißig Jahren psychologischer Forschung, die in Tausenden von wissenschaftlichen Studien und Analysen durchgeführt wurde. Er berücksichtigt die eigene Wahrnehmung und setzt sie zu externen *Benchmarks* in Beziehung. Damit ermöglicht er belastbare Aussagen, wo der Getestete im Vergleich zur normativen *Peergroup* steht.* Der *Red Bull Wingfinder* ist intuitiv gestaltet

* Der Test wurde einer rigorosen Validierung unterzogen, die im Detail auf *www.wingfinder.com* dargestellt und offengelegt wird.

und setzt, wo immer sinnvoll und möglich, visuelle Fragen ein, was dazu führt, dass über neunzig Prozent der Teilnehmer, die den Test beginnen, diesen auch beenden.

Es besteht Konsens innerhalb der Wirtschaftspsychologie, dass es drei Bereiche sind, die auf den Karriereerfolg eines Wissensarbeiters mehr Einfluss haben als die übrigen. »Was sind die Hauptzutaten von Talent? Obwohl es Millionen von Jobs gibt, werden Menschen, die intelligenter, motivierter, neugieriger sind und mit anderen auskommen, in jedem Job besser abschneiden. Basierend auf diesem robusten Talentmodell und einer hochmodernen wissenschaftlichen Methodik ist *Red Bull Wingfinder* ein beispielloser Versuch, Millionen von Menschen dabei zu helfen, ihr Karrierepotenzial zu identifizieren und zu entwickeln«, schreibt Tomas Chamorro-Premuzic. Der *Wingfinder* gibt Auskunft über die sogenannten RAW-Komponenten in Bezug auf Talente: *rewarding to deal with* (soziale Fähigkeiten), *able to do the job* (eine Fertigkeit oder Intelligenz, die dem Anspruch der Stelle entspricht) und *willing to do the job* (Antrieb und Motivation). *Red Bull Wingfinder* umfasst insgesamt 25 Stärken in den Bereichen soziale Kompetenz, fluide Intelligenz, Kreativität und Leistungsbereitschaft und testet diese in 35 Minuten mit 280 Fragen in fünf verschiedenen Bewertungsformaten. Jeder wird gegen sich selbst und gegen andere gemessen. Das *Assessment* ermöglicht den Teilnehmern nicht nur wertvolle Einblicke in ihre Stärken, es gibt darüber hinaus Coaching-Anleitungen für Maßnahmen und Entwicklungen in ihrem Arbeitsleben. Derzeit nutzen etwa 250 000 Personen jährlich das Angebot unter *www.wingfinder.com* in sieben Sprachen. Tendenz steigend. Verschiedene Partner helfen Red Bull dabei, ihn noch bekannter zu machen.

Das Erkennen von Stärken und das richtige Einsetzen im Unternehmen ist das eine. Genauso wichtig ist es aber, an wen man berichtet, wer der Vorgesetzte ist, und hier gehört bei aller Planung und Reflexion manchmal auch ein Quäntchen Glück dazu. Es gibt ausgesprochene *Talent Champions*, das sind Personen, die als Manager statistisch gesehen am Tag eine Stunde mehr Zeit für ihre Mitarbeiter aufbringen. Es ist die »natürliche« Führungskraft, die weiß, dass es klare Ziele braucht, die Talente und Stärken erkennt, die fördert und vor allem eine vertrauensvolle Zusammenarbeit ermöglicht.

Voraussetzung für Letzteres ist auch Berechenbarkeit. Für gelungene Beziehungen und Entfaltung der individuellen Möglichkeiten braucht es im Unternehmen – so wie übrigens auch im Elternhaus – klare Ziele und Vereinbarungen und vorhersehbare und konsequente Reaktionen bei Abweichungen im Zuge der Zielverfolgung. Des Weiteren ist Individualisierung entscheidend: Management ist primär das Erkennen der Einzigartigkeit von Mitarbeitern. Ein guter Manager behandelt jeden Mitarbeiter anders, kennt Stärken und Schwächen, unterstützt, fordert, fördert, versteht, verzeiht und findet – stärkenorientiert – die richtigen Stellen und Aufgaben.* Er individualisiert das Gehalt, die Motivation, ja sogar das Auto im Rahmen des Möglichen. Als guter Manager kämpft er gegen die Gleichmacherei aus Personalvertretung und -verwaltung. Die Personalvertretung will alle kollektivistisch gleich gut behandelt wissen, die Perso-

* Als genialer Individualisierer gilt beispielsweise Jürgen Klopp. Der Fußballprofi Kevin-Prince Boateng charakterisiert ihn im *Spiegel*-Interview vom 18. April 2020 wie folgt: »Du musst die Spieler verstehen, du kannst nicht einfach nur draufhauen, du musst wissen, wie sie ticken. Klopp weiß das von jedem seiner Spieler, er weiß, wie er jeden anpacken muss: Du, komm mal her, du bist bescheuert, baff, baff. Den anderen umarmt er, kuschelt ihn. Das meine ich.«

nalverwaltung will alle utilitaristisch gleich effizient verwalten. Wer einen Chef hat, der dagegen ankämpft, darf sich glücklich schätzen und sollte nicht den Fehler machen, das als selbstverständlich anzusehen. Und wer nicht an einen *Talent Champion* berichtet, bedenke: Trotz allem bleiben Selbsterkenntnis, Bescheidenheit und leistungsorientiertes Arbeiten die Türen zum Erfolg. Je weniger man sich selbst überschätzt, desto leichter ist es für die Kollegen, einen als das zu nehmen, was man sein könnte. Je weniger wir erwarten und je mehr wir beitragen, desto willkommener werden wir im Team sein. Auch bei »normalen« Vorgesetzten und Mitarbeitern.

Die drei wichtigsten Entscheidungen eines Managers im Umgang mit seinen Mitarbeitern sind erstens, wen er einstellt, zweitens, wen er befördert, und drittens, welches Gehalt er wem bezahlt. Diese Entscheidungen müssen gewissenhaft getroffen werden, und zwar so, dass sie vor dem Gewissen auch standhalten. Hier darf es keine Seilschaften, Politik oder Gefälligkeiten geben. Und sie müssen eigenverantwortlich getroffen und einem Urteil unterzogen werden, das ausschließlich sachlich zu begründen ist. Je mehr das Unternehmen hier Einfluss nimmt, desto mehr Kontrolle verliert der Manager. Das kann bis zum absoluten Kontrollverlust führen. Wenn der Mitarbeiter zugeteilt wird, die Personalabteilung die Gehaltserhöhung berechnet und das Komitee für Nachfolgeplanung bestimmt, wer im Team befördert wird, weiß der Manager, dass er nicht Reiseführer, sondern nur Reisebegleiter ist.

Als Personalverantwortlicher bekomme ich immer wieder Anrufe, ob ich nicht ein gutes Wort für einen Bewerber, meist Sohn oder Tochter des Anrufers, einlegen könnte. Ich frage dann immer, ob er, der Anrufer, es sich vorstellen könne, in seinem Team die Mitarbeiter nicht selbst aussuchen zu können, sondern sie zugeteilt zu bekommen. Diese Vorstellung lässt die Intervention als das erscheinen, was sie ist: absurd. Trotzdem muss es Unternehmen geben, die Mitarbeiter auf diese Weise einstellen, sonst wären solche Anrufe nicht so weit verbreitet. Das heißt nicht, dass ein vierwöchiges Praktikum, das vergeben wird, um einem Partner, Lieferanten oder Kunden einen Gefallen zu tun, die Unternehmenskultur zerstört. Wichtige Besetzungen haben aber ohne jede Politik und Beziehungen und ausschließlich nach sachlichen Kriterien zu erfolgen, also nach den Anforderungen der Stelle und ihren Aufgaben und aufgrund von Talent und Erfahrung der Bewerber.

Die *Businesspartner* in der Personalabteilung unterstützen den Manager, die Aufgaben *(Assignments)* genau zu definieren und, wenn möglich, eine akzeptable Anzahl von geeigneten Bewerbern zu finden. Die endgültige Personalauswahl und damit Verantwortung liegt aber ausschließlich beim *Hiring Manager*. Wenn er für sein Team Verantwortung übernehmen soll, muss er auch in der Lage sein, es zusammenzustellen. Dieses Prinzip sollte nicht nur für Unternehmen gelten, sondern für alle Organisationen, insbesondere auch im öffentlichen Bereich wie zum Beispiel in Schulen. Denn die wichtigste Aufgabe eines Managers ist es, die richtigen Leute für die richtigen Aufgaben zu finden.

Eine gute Ausbildung ist die Grundvoraussetzung für Erfolg im Berufsleben. Grundschulen vermitteln die Kulturfertigkeiten und Berufsbildende Schulen und Universitäten bereiten den jungen Menschen auf seinen Beruf vor. Darüber hinaus ist das Erlernen einer – talentorientierten – persönlichen Arbeitsmethodik in Schule und Studium hilfreicher als blinde Wissensakkumulation. Die Kulturfertigkeiten

Lesen, Schreiben und Rechnen – und immer mehr auch das Beherrschen der Informationstechnologien – zählen in den Wissensberufen zu den Ausschlusskriterien. Wer in diesen Grundfertigkeiten kein akzeptables Niveau erreicht, wird im Umfeld des Wissensberufes immer benachteiligt sein. Die »Werkzeuge« des Wissensberufes wie Berichtswesen, Budgeterstellung, Aufgaben- und Stellenbeschreibungen, Zielsetzung, Kontrolle, Leistungsbeurteilung bauen auf diesen Grundfertigkeiten auf. Diese Grundfertigkeiten können mit Fähigkeitstest erfasst werden. Ein Ausschlusskriterium ist es, wenn der Kandidat zu den unteren Dritteln seiner Vergleichsgruppe gehört, wenn also mehr als zwei Drittel der Testpersonen in diesen zentralen Grundfertigkeiten besser abschneiden. Mit anderen Worten: Ein Fähigkeitstest kann zwar auch bei der Beurteilung helfen, ob ein Kandidat mit seinen Stärken für eine Position der Richtige ist, viel besser eignet er sich aber, um festzustellen, ob der Kandidat *nicht* geeignet ist. Fehlt es ihm an einem akzeptablen Niveau bei den Kulturfertigkeiten, wird sich das im Test zeigen. Das erspart sowohl dem Unternehmen als auch dem Bewerber Zeit und Geld, was allemal besser ist, als wenn man drei Monate nach Eintritt eines Mitarbeiters in der Finanzbuchhaltung feststellen muss, dass dieser nicht ordentlich rechnen kann. Ist man verbal oder numerisch nach einer entsprechenden Ausbildung nicht imstande, die elementaren Aufgaben seines Jobs zu erfüllen, sollte man sich nach anderen, allenfalls handwerklichen Tätigkeiten umsehen – und ich meine das keineswegs abwertend. Um ein Klischeebild zu bedienen: Ein erfülltes Leben als begabter Tischler ist allemal erstrebenswerter als das eines frustrierten, Taxi fahrenden Akademikers.

»Find the Right People, Realize their Talents and Keep them« ist der Auftrag an jeden Manager und an die Personal-

abteilung bei Red Bull. Ein guter Bewerbungsprozess braucht jedoch Zeit und Geduld. Es ist der Mangel an Zeit, der die Qualität des Auswahlverfahrens häufig beeinträchtigt. Deshalb sollte der *Hiring Manager* darauf bestehen, dass er Vorstellungsgespräche nur mit jenen Kandidaten führt, die für die Stelle grundsätzlich geeignet sind. Dabei hilft ihm der Fähigkeitstest. Weiters sollte es eine genaue Stellenbeschreibung geben, die die Aufgaben, die in den nächsten ein bis zwei Jahren voraussichtlich zu erfüllen sind, definiert. Erst dann weiß man, welches Kandidatenprofil man sucht. So wird der Vorstand der Wiener Philharmoniker bei der Besetzung der Stelle des Dirigenten wissen müssen, ob dieser die *Zauberflöte* oder *Kontinent Rihm* zur Aufführung bringen muss. Danach wird sich die Wahl des Kandidaten richten.

Idealerweise hat man einen geeigneten Kandidaten in seiner »virtuellen Reservebank«, einen potenziellen Mitarbeiter, den man aus früherer Tätigkeit, aus Verhandlungen oder Vorträgen und Seminaren kennt. Ist dies nicht der Fall, so schreibt man die Stelle aus oder beauftragt einen *Headhunter*. Mit ganz wenigen Ausnahmen finden aber weder die Personalabteilung noch der *Headhunter* einen Mitarbeiter, sondern bringen nur mehr oder weniger geeignete Kandidaten.

Der Manager sollte – je nach Fall – auf mindestens zwei bis fünf geeignete Kandidaten bestehen. Die Auswahl liegt bei ihm. Nur er kennt die Aufgaben genau. Er trägt die Verantwortung. Es ist sein Mitarbeiter, nicht der des *Headhunters* oder der Personalabteilung. Gute Personaler werden dem Manager einen aussagekräftigen Lebenslauf der Kandidaten zur Verfügung stellen und die wesentlichen Eckpunkte des Berufsweges bereits abgeklärt haben. Das Führungszeugnis und der Fähigkeitstest sind im grünen Bereich, ein

Ausschluss des Bewerbers ist also nicht erfolgt. Im nächsten Schritt folgt das Bewerbungsgespräch. Salopp gesagt gibt es gute und schlechte Gespräche. In schlechten Gesprächen kommt der Bewerber vielleicht gar nicht zu Wort (und der Manager redet in einem fort, vom Job, vom tollen Unternehmen, seiner Kultur, von sich selbst), oder die Zugehörigkeit zum selben Fußballverein gibt den entscheidenden Ausschlag für die Anstellung. In den guten Gesprächen hingegen geht es darum, aus vergangenen Erfahrungen und hoffentlich auch entsprechenden Erfolgen des Kandidaten Prognosen für die Zukunft zu erstellen.

Ein gutes Bewerbungsgespräch braucht Zeit. Wir sollten uns nicht scheuen, bei A anzufangen und bei Z aufzuhören. A wie Ausbildung und Z wie Zahlenlottogewinn. Jede Position, die der Kandidat innehatte, sollte ganzheitlich verstanden werden. Was waren die Aufgaben? Was die wesentlichen Erfolge, was die Misserfolge eines Berufsabschnitts? Wer war der jeweilige Vorgesetzte? Worauf ist der Kandidat besonders stolz, wofür schämt er sich noch heute? Gerne mache ich den Bewerber darauf aufmerksam, dass seine Aussagen zu der jeweiligen Position mittels einer Referenz seines Vorgesetzten überprüft werden (man nennt diese Methode *Threat of a Reference Check,* kurz TORC).* Was wird der Vorgesetzte bezüglich der Stärken und Schwächen des Bewerbers sagen? Hatte er Mitarbeiter zu führen? Wenn ja, wie viele? Was machten die Mitarbeiter konkret, was der Bewerber? Wie würden die Mitarbeiter den Bewerber beziehungsweise seine Führung beschreiben?

---

* Siehe Bradford D. Smart: *Topgrading: The Proven Hiring and Promoting Method That Turbocharges Company Performance.* New York 2012.

Noch viel wichtiger als die Frage, worin der Bewerber Erfolg hatte, ist die Frage nach dem Warum. Das könnte zum Beispiel die Fähigkeit des Kellners sein, den Gast zu überzeugen, oder die der Krankenschwester, sich in den Patienten einzufühlen, oder die des Verkäufers, hartnäckig zu sein. Wenn ich neugierig bin und den Bewerber frage, weshalb er eine erfolgreiche und wirksame Führungskraft ist, erkenne ich vielleicht, dass er die Fähigkeit hat, zu individualisieren. Ein erfahrener und guter Manager hört genau zu und sucht nach Mustern, dem berühmten »roten Faden«. Welche konkrete Tätigkeit fällt dem Bewerber leicht? Warum will der Kandidat die Position? Was stellt er sich vor, was er konkret tun wird? Letztendlich geht um die Suche nach dem heiligen Gral, dem Aufspüren von Talent, Stärken und *Flow*. Ich stelle deshalb auch gerne die Frage nach Glück und Zufriedenheit. Wann waren Sie glücklich im Leben? Was würden Sie in Ihrem Leben ändern, wenn Sie die Möglichkeit hätten?

Wenn ein Gespräch abgeschlossen erscheint und sich der Bewerber bereits entspannt und zum Verlassen des Raumes bereit macht, stelle ich immer noch drei Fragen, die weitere Rückschlüsse auf die Talente des Bewerbers zulassen. Die erste Frage ist in die Vergangenheit gerichtet: Erinnert sich der Bewerber an eine Situation in seiner Kindheit, bei der die Zeit verflogen und er in völliger Vertiefung in einer Tätigkeit aufgegangen ist? Kurzum: Wann verspürte er zum ersten Mal eine Art *Flow* bei etwas?

Hat sich die Überraschung hinsichtlich dieser ungewohnten Frage erst einmal gelegt, bekomme ich in der Regel diverse Kinderspiele zur Antwort. Das Bauen von Sandburgen, das Puppenspiel, das Basteln von Flugzeugen, das Spielen im nahe gelegenen Wald zusammen mit den Nachbarkindern – die Antworten sagen mehr über die Begabungen der Bewerber aus, als es diesen bewusst ist. Wird der *Flow* bei einer Tätigkeit allein oder mit anderen erlebt? Stehen Geduld, Ausdauer oder logisches Denken im Vordergrund? War beim Spielen mit anderen Kindern das Dabeisein oder das Gewinnen wichtig? Wir erinnern uns: Die frühe Hingabe an ein Spiel lässt vermuten, dass man seinen Begabungen gefolgt ist.

Die zweite Frage ist in die Zukunft gerichtet. Der Bewerber wird aufgefordert, sich vorzustellen, was er konkret tun würde, wenn er siebzig Millionen Euro im Lotto gewonnen hätte. Die Antworten sind zum Teil verblüffend und offenbaren die geheimen Wünsche vieler Kandidaten. Aber nicht nur das; sie zeigen gleichzeitig viel von unserem ungenutzten Begabungspotenzial. Was zum Beispiel rate ich einem Bewerber, der die Millionen nicht dazu verwendet, sich sein Traumhaus zu kaufen und den Rest auf Familie und Bankkonto zu verteilen und so weiterzumachen wie bisher (weil er zufrieden und glücklich ist!), sondern dazu, in exotische Länder zu reisen, um dort sein Talent als Naturfotograf zu perfektionieren? Ich frage ihn, was ihn daran hindert, das hier und jetzt zu tun. Das Geld sollte dabei nur eine untergeordnete Rolle spielen …

Als letzte Frage stelle ich gerne das Was-kosten-Tennisball-und-Schläger-Rätsel von Daniel Kahneman, welches er in seinem Bestseller *Schnelles Denken, langsames Denken* beschreibt. Daniel Kahneman ist der einzige Psychologe, der mit dem Wirtschaftsnobelpreis ausgezeichnet wurde, und einer der wenigen Nobelpreisträger außerhalb der Chicagoer Schule. Er weiß um die Unzulänglichkeit sowohl menschlicher Urteile als auch des Modells der »unsichtbaren Hand«, die auf den Märkten alles regelt und jede staatliche

Intervention unnötig macht. Diesen realitätsfernen Annahmen eines funktionierenden *Homo oeconomicus* in der Welt des Neoliberalismus tritt er mit seiner Überzeugung entgegen, »die einerseits die persönliche Freiheit gewährleistet und andererseits die Leute dazu bringt, Entscheidungen zu treffen, die sie später nicht bereuen«. In seinem Bestseller erklärt er die Fehleranfälligkeit menschlicher Denkprozesse. In zahlreichen Experimenten wies er nach, dass unser Gehirn gerne auf Automatik stellt, was letztlich den Energieverbrauch unseres Gehirns optimiert und damit zu unserem Überleben beiträgt. Nur wenige von uns können in kritischen Situationen schnell umschalten und Aufgaben gründlich durchdenken. Die anderen werden vom scheinbar Naheliegenden in Kahnemans Denkaufgaben getäuscht.

Eine solche Aufgabe ist die Was-kosten-Tennisball-und-Schläger-Frage: Ein Tennisschläger und ein Ball kosten zusammen 1,10 Euro. Der Schläger kostet einen Euro mehr als der Ball. Wie viel kostet der Schläger und wie viel der Ball? Versuchen Sie es. Die Antwort finden Sie untenstehend. Und trösten Sie sich, auch Harvard-Absolventen haben die Frage mehrheitlich nicht richtig beantwortet.*

Ein Bewerbungsgespräch mit einem Kandidaten, der Erfahrung hat und schon mehrere Positionen innehatte (die auch im selben Unternehmen gewesen sein können), kann so zwei Stunden und mehr in Anspruch nehmen. Nimmt man sich diese Zeit, werden beide, Bewerber und Manager, mit wertvollen Einsichten über die zu erwartenden Aufgaben im Unternehmen und die Persönlichkeit des Bewerbers belohnt. Die Chancen stehen gut, den richtigen Mitarbeiter

* Falsche Antwort: Schläger 1 Euro, Ball 10 Cent. Richtige Antwort: Schläger 1 Euro und 5 Cent, Ball 5 Cent.

auf dem richtigen Platz mit den richtigen Aufgaben zu betrauen. Für den Mitarbeiter kann das langfristig Erfolg und Erfüllung bedeuten, für eine Führungskraft und ihre Wirksamkeit das Vermeiden von Mühen, Kosten und Frustration, die falsche Besetzungen nach sich ziehen.

Sind die Gespräche beendet, folgen im positiven Fall die Vertragsverhandlungen. Auch hier gibt es beachtenswerte Punkte, die auf die Eignung von Mitarbeitern schließen lassen, insbesondere bei Führungskräften. Hat jemand keinerlei Anmerkungen zum Vertragsentwurf, so deutet dies darauf hin, dass er oberflächlich arbeitet und womöglich gerne »fünfe gerade sein lässt«. Umgekehrt habe ich es aber auch erlebt, dass buchstäblich jedes Komma hinterfragt wird. Für mich ein kritischer Hinweis, dass jemand ichbezogen und überkorrekt sein könnte und sich somit als Führungskraft wenig eignet. Nun mag der Leser einwenden, dass sich derlei Eigenschaften bei den Vertragsverhandlungen kaum pauschalisieren lassen. Meine Erfahrungen aus Vertragsverhandlungen mit Kandidaten und deren weiterer *Track Record* bei Red Bull lassen zumindest vermuten, dass solche Details mit in Betracht gezogen werden sollten, um abschließend zu beurteilen, ob ein Bewerber voraussichtlich in seiner Aufgabe scheitern oder erfolgreich sein wird.

Damit kommen wir zu einer weiteren wichtigen Entscheidung jeder Führungskraft, nämlich zu der Frage, wer befördert wird. Im Idealfall muss nämlich nicht extern rekrutiert werden, sondern der Manager hat einen geeigneten Kandidaten zur (Nach-)Besetzung einer offenen oder neuen Position in seinem Team.

Manager sollten bei der Beförderung vorzugsweise »hungrige« Mitarbeiter berücksichtigen, die Karriere machen und Verantwortung übernehmen wollen. Bei jeder Beförderung muss darauf geachtet werden, dass niemand in eine Managerrolle im Sinne des sogenannten Peter-Prinzips gedrängt wird: *Promoted to the Level of Incompetence*. Wie wir auch bei Red Bull mit gut gemeinten *Promotions* leider feststellen mussten, ist ein Assistent, auch wenn oder gerade weil er herausragende Leistungen erbringt, in den seltensten Fällen nach Abgang seines Vorgesetzten ein geeigneter Kandidat für dessen Nachbesetzung. Auch sollte darauf geachtet werden, dass nicht nur Management, sondern auch Expertise für den Unternehmenserfolg verantwortlich ist. Echte Wissensarbeiter sind Experten auf ihrem Gebiet und treiben Innovation an. Im besten Fall sind sie auch gute Manager, wenn nicht, sollte man ihnen, wenn es die Position und das Budget erlaubt, jemanden zur Seite stellen. Damit ist kein Werturteil getroffen. Auch bei Red Bull wird Management tendenziell unterbewertet. Wann immer wirkliche Spitzenleistungen erbracht werden, sind die Ausnahmekönner die Leistungsträger, und Manager sichern diesen Erfolg im Hintergrund ab. Adrian Newey und Christian Horner, Chef von Red Bull Racing, oder Ralf Rangnick und Oliver Mintzlaff (ehemaliger Geschäftsführer von RB Leipzig und heute einer von drei Geschäftsführern bei Red Bull, verantwortlich für internationale Projekte) sind gute Beispiele, wie Expertise und Management einander ergänzen können.

Erlauben Sie mir an dieser Stelle noch ein paar Worte zur Sinnhaftigkeit von Nachfolgeplanungen, dem sogenannten *Succession Planning*, im Unternehmen zu sagen. Nach meinen Erfahrungen lassen sich Beförderungen mit vertretbarem Aufwand nicht systematisch planen. Die aufwendig erstellten Listen von vermeintlich geeigneten Kandidaten zur Nachbesetzung aller oder einzelner Schlüsselstellen im Unternehmen erweisen sich in den meisten Fällen als wenig aussagekräftig. Dass sich Führungskräfte nur schwer auf eine Liste von *High Potentials* einigen können, liegt in der Natur der Nachfolgeplanung: Mit statischen Listen lassen sich keine dynamischen Herausforderungen lösen. Eine gute Führungskraft *plant* Nachfolge nicht punktuell in mehr oder weniger langen zeitlichen Abständen, sondern *bereitet* geeignete Mitarbeiter permanent auf eine mögliche Beförderung vor.

Ob eine Nachbesetzung erfolgreich ist oder nicht, hängt davon ab, ob man den geeigneten Kandidaten für die konkrete Aufgabe im Zeitpunkt der Vakanz findet. Diese Aufgaben sind zeitkritisch und lassen sich deshalb nur unzulänglich planen. Es kommt deshalb weniger auf die nachzubesetzende statische Stelle an, viel wichtiger ist die dynamische Aufgabe, die einer ungewissen, nicht planbaren Zukunft unterliegt und die vom Nachfolger erfolgreich bewältigt werden muss. Wer zum Zeitpunkt der Vakanz konkret geeigneter Kandidat ist, kann nur die Führungskraft entscheiden. Sucht ein Unternehmen einen Geschäftsführer, dann macht es einen Unterschied, ob es seine Marktführerschaft in ruhigem Gewässer ausbauen will oder ob ein Mitbewerber es dazu zwingt, sich neu zu erfinden. Ob ein Kandidat zum Zeitpunkt der Nachbesetzung tatsächlich geeignet ist, lässt sich im Voraus am Schreibtisch nur orakeln, nicht aber mit vertretbarem Aufwand planen.

Darüber hinaus hat *Succession Planning* das Potenzial, einen Großteil der Belegschaft zu demotivieren. Nichts bleibt in einem Unternehmen auf Dauer geheim. So auch die Nachfolgeplanung nicht, ist sie auch noch so *top secret*. Den Prinzen, die zu Nachfolgern auserkoren sind, tut man damit in der Regel keinen Gefallen. Für die Vielleicht-Nachfolger ist diese Auszeichnung kaum arbeitserleichternd im Umgang mit ihren Kollegen. Denn der Rest der Mannschaft ist konsterniert. Warum bin ich nicht Prinz, fragt sich so mancher Kollege. Neid, Missgunst und Fehlersuche sind die Folge. Man möchte dem Chef gerne beweisen, dass er die falsche Wahl getroffen hat. Und oft hat der Prinz dann, wenn er zum König ernannt werden soll, das Königreich ohnehin bereits verlassen.

Es verwundert daher nicht, dass die zeitraubenden *Succession-Planning*-Diskussionen von Führungskräften mehr Nachfolgepolitik als Nachfolgeplanung sind. Erfreulich ist, dass immer mehr Unternehmen Nachfolgeplanungen als das erkennen, was sie sind: eine nicht länger vertretbare Zeitverschwendung in den Chefetagen und Personalabteilungen der Konzerne.

Was wir tun können und letztlich auch tun müssen, ist, unsere Mitarbeiter auf die nächste Aufgabe vorzubereiten. Führungsarbeit ist Mitarbeiterentwicklung durch Vorbereitung auf neue Aufgaben für die eigene Organisation. Genau das macht Red Bull mit seinem Nachfolge-Vorbereitungsprogramm *Succession Preparation*.

Um diese Vorbereitung zu einem lohnenden Geschäft für alle Beteiligten zu machen, muss es der Organisationseinheit erlaubt sein, Talent in den eigenen Reihen zu behalten. Dauernde und institutionalisierte *Cross-functional* und *Cross-organisational Moves* sind eine falsch verstandene Karriere-Incentivierung. Für Abteilungsleiter und Geschäftsführer wird sie spätestens dann zu einer frustrierenden Sisyphusarbeit, wenn sie permanent der Früchte ihrer Anstrengungen auf diesem Gebiet beraubt werden. Sie wissen am besten, was der Mitarbeiter kann oder nicht kann, das heißt, welche Aufgabe die richtige für ihn ist. Nur so bringen wir die so wichtige Stabilität und Nachhaltigkeit in eine

Organisation. Nichts ist dem Erfolg abträglicher als ständig wechselnde Führungskräfte. Sie tendieren dazu, die Personalarbeit und Mitarbeiterentwicklung zu vernachlässigen und das Unternehmen nur nach Kennzahlen zu steuern. Das führt zu Ergebnisoptimierung bei gleichzeitigem *Braindrain*. Nur der langfristig verantwortliche Vorgesetzte ist nachhaltig an einem starken Team interessiert. Und solche Teams verdienen es nicht, dass ihnen permanent neue Vorgesetzte – sprichwörtlich – vor die Nase gesetzt werden.

Davon gibt es nur zwei Ausnahmen, die legitim sind. Einerseits bei drohender Kündigung eines guten Mitarbeiters, weil er sich weiterentwickeln will und in der Organisationseinheit keine geeignete Stelle oder Aufgabe frei ist. Bevor dieser Mitarbeiter das Unternehmen verlässt und als *Regretted Loss* vielleicht sogar zum Mitbewerber wechselt, sollte die verantwortlich handelnde Führungskraft ihn auch an eine andere Organisationseinheit freigeben. Belässt man die Kontrolle über *Promotions* und *Lateral Moves* der Mitarbeiter in den Organisationseinheiten bei den jeweiligen Vorgesetzten, fällt auch automatisch die Unart weg, unfähige Mitarbeiter in andere Abteilungen wegzuloben.

Andererseits, das habe ich bereits angeschnitten, sollte es jungen Mitarbeitern möglich sein, sich zu erproben und so vieles wie möglich auszuprobieren. In den ersten Jahren nach der Ausbildung müssen sie ein Spielfeld haben, das ihnen hilft, ihre Talente und Stärken kennenzulernen. Genauso wichtig wie die erste Berufswahl ist deshalb auch die Möglichkeit, auszuprobieren, was einem liegt. Je vielseitiger der Job, desto besser. Vorgesetzte und Unternehmen sollten das durch verschiedene *Job Assignments* und – wenn möglich – auch *Job Rotations* unterstützen. Mit dreißig, spätestens fünfunddreißig Jahren sollte dieser Prozess aber abgeschlossen sein und der Mitarbeiter seine Aufgabe gefunden haben, die ihn als Manager oder Experte ausfüllt. In diesem Alter sind wir schließlich am leistungsfähigsten. In der Regel sind es die folgenden zehn bis fünfzehn Jahre, die darüber entscheiden, ob wir Karriere machen. Ab fünfzig, wenn unsere eigene Leistungsfähigkeit langsam nachlässt, sollte die Entwicklung der Mitarbeiter für uns wichtiger sein als unsere eigene Karriere.

Die letzte wichtige Stellschraube eines jeden Managers sind Gehaltsentscheidungen. Wer welche Gehaltserhöhungen und Gratifikationen bekommt, ist der Lackmustest für Eigenverantwortung im Management. Wer diese Entscheidung delegiert, ist keine Führungskraft. Gehaltsentscheidungen kann man nicht vermeiden. Sie werden einmal im Jahr und nicht öfter vom Vorgesetzten getroffen.

Stellen Sie sich vor, Sie führen Ihre Abteilung wie einen Handwerksbetrieb. Dort wird der Unternehmer seinen Mitarbeitern immer genau so viel bezahlen, wie er sich zum einen leisten kann und er zum anderen zahlen muss, damit ihm die Leute nicht davonlaufen. Gute Leute wird er gut bezahlen, besser als andere, wenn notwendig bis zur Schmerzgrenze, denn er will sie nicht an den Mitbewerber verlieren. Die Schmerzgrenze liegt dort, wo er ein hohes Gehalt nicht mehr vertreten kann, weil er es anderen Mitarbeitern nicht mehr erklären könnte. Eigentlich ist das alles, was es für gute Gehaltsentscheidungen braucht.

In den meisten Unternehmen gibt es vielfältige Vermeidungsstrategien, um sich vor dieser Verantwortung zu drücken. Weit verbreitet ist der kollektivistische Ansatz, wie ich ihn nenne, nämlich nicht zu differenzieren und alle Mitarbeiter gleich zu behandeln. Das ist falsch verstandene

Solidarität und wird dem Unternehmen auf Dauer die Leistungsträger entziehen, weil Ungleiches gleich behandelt und weil dies von guten Mitarbeitern als Geringschätzung empfunden wird. Beliebt ist es auch, dem Unternehmen oder der Personalabteilung die Schuld zu geben, ganz nach dem Motto: »Ich hätte dir gerne mehr gegeben, aber mein Budget erlaubt es nicht.« Was soll ein Mitarbeiter von einem Vorgesetzten halten, wenn er sich nicht einmal bei der für ihn so wichtigen Frage der Gehaltsentscheidung im Unternehmen durchsetzen kann?

Es gibt aber nicht nur Vermeidungs-, sondern auch Konfrontationsstrategien. Besonders unangenehm für einen Vorgesetzten sind weit überzogene Gehaltsvorschläge seiner Mitarbeiter für wiederum deren Mitarbeiter, also die nach seinen *Direct Reports* nächstgelegene Berichtslinie. Das geschieht entweder aus Unkenntnis oder in voller Absicht, um als Mitarbeiter für sich selbst ein besseres Gehalt durchzusetzen, geht es doch nicht an, dass die Ebene darunter annähernd gleich oder sogar besser verdient. Dem gilt es durch geeignete Kontrollmaßnahmen beherzt entgegenzutreten. »Nachtigall, ich hör dir trapsen« ist das Codewort bei Red Bull für diese durchschaute Taktik. Man sollte dann entweder eingreifen, wobei man Gefahr läuft, zum Buhmann zu werden (»Ich hätte ja mehr gefordert für dich«), oder man akzeptiert den Vorschlag und kompensiert die Fehlentscheidung, indem man den Fehler auf der unmittelbaren Mitarbeiterebene kompensiert: Dann gibt es eben für diesen Mitarbeiter keine Gehaltserhöhung, bis er gelernt hat, unternehmerisch zu denken. Auch Dietrich Mateschitz hat aus diesem Grund das Gehalt des einen oder anderen *Direct Report* schon unverändert gelassen, bis dieser gelernt hat, verantwortlich Gehaltsentscheidungen zu treffen.

Unternehmerische Verantwortung wird aber auch dort abgegeben, wo Gehaltserhöhungen mit Gewinnverteilung verwechselt werden. Auch hier bedarf es der entsprechenden Kontrolle und Gegensteuerung. Unternehmensgewinn wird anteilig an die Eigentümer für Bereitstellung von Kapital und als Risikoprämie ausgeschüttet. Die Mitarbeiter dagegen erhalten eine großzügige, aber immer noch marktkonforme Entlohnung unter Berücksichtigung ihrer jeweiligen Erfolge in der Aufgabenerfüllung. Manche Manager vertreten einen partizipativen Ansatz und wollen ihre Mitarbeiter auch am Gewinn beteiligt sehen. Das ist absolut legitim, wenn sich eine Organisation dazu bekennt. Ist es aber die Philosophie eines Unternehmens, so wie bei Red Bull, Mitarbeiter leistungsbezogene, marktgerechte Gehälter und Boni zu bezahlen, ist dieser partizipative Ansatz unangebracht. Die Mitarbeiter sind ja auch nicht am Verlust beteiligt, sollte ein solcher einmal entstehen.

Darüber hinaus lehnt Red Bull automatische Bonussysteme mit Ausnahme individueller Verkaufsprovisionen kategorisch ab. Bonusentscheidungen werden ausschließlich individuell und nach einer Beurteilung der Leistung des Mitarbeiters durch den Manager getroffen. In diese Beurteilung fließen alle Komponenten ein, sodass *Windfall Profits* oder unverschuldete Verhängnisse entsprechend bewertet werden können. Die Gratifikation eines Mitarbeiters darf nicht vom Wechselkurs oder sonstigen Unwägbarkeiten abhängen, die er nicht beeinflussen kann.

Gehaltsentscheidungen sollten immer langfristig getroffen werden, über Jahre, wenn nicht über Jahrzehnte, und unter Berücksichtigung des wahrscheinlichen Karrierepfads des Mitarbeiters. Gehaltsdiskussionen sind nie aufgabenorientiert, sondern immer selbstreflektiert und deshalb möglichst zu vermeiden. Treffen Sie Ihre Entscheidungen gut vorbereitet und bleiben Sie dabei, machen Sie keine Korrekturen aufgrund von Mitarbeiterinterventionen. Letzteres spricht sich herum und ermuntert auch andere Mitarbeiter, ihre Entscheidung infrage zu stellen. Gehaltsentscheidungen werden nicht im demokratischen Diskurs ermittelt, sondern sind eine Entscheidung des Vorgesetzten. Wirklich als Führungskraft angekommen ist, wer mehr über die Gehälter seiner Mitarbeiter nachdenkt als über seine eigene Entlohnung.

Letztendlich müssen aber alle Gehaltsanpassungen budgetkonform erfolgen, weshalb sie auf Organisations- und Konzernebene zu konsolidieren sind. Während der Manager eigenverantwortlich seine Mitarbeiter beurteilt und plant, werden seine Entscheidungen im Hintergrund von einer kleinen *Compensation & Benefits*-Abteilung (C & B) kontrolliert und, wenn notwendig, kritisch hinterfragt. Das kommt aber bei über 10 000 Mitarbeitern in wenigen Hundert Fällen vor. Hier konzentriert man sich auf sogenannte Ausreißer, Mitarbeiter mit besonders hohen Gehalts- oder Bonussteigerungen. Wenn diese begründet sind, werden sie akzeptiert. Je starrer das System ist und die Vorgaben in Richtung Inflationsabgleich gehen, desto mehr Druck wird erzeugt. Dies führt in der Regel zur Vorwegnahme von Gehaltssteigerungen beim *Recruiting* und zu Mehrkosten im Unternehmen: Die Mitarbeiter werden dann schon mit höheren Gehältern eingestellt, um in den ersten Jahren der Karriere im Unternehmen den entstehenden Gehaltsdruck abzufedern.

Dieser weitere *Bottom-up*-Ansatz bei der Personalkostenplanung bedarf eines vorsichtigen Interessenausgleichs zwischen maximaler Managerfreiheit und -verantwortung bei gleichzeitiger Hintergrundkontrolle durch C & B. Damit die Gehälter leistbar, leistungsbezogen und marktgerecht bleiben, müssen die Budgets eingehalten und der unternehmerische Ansatz in der Gehaltsphilosophie überall im Konzern gelebt werden. Diese Grundsätze haben die gesamte Organisation und die Mitarbeiter weitgehend verinnerlicht, und es muss erstaunlich wenig steuernd eingegriffen werden.

Kommen wir abschließend zu einem weiteren entscheidenden Punkt in der Interaktion zwischen Unternehmen und Mitarbeiter: dem Feedback. Leistungsbeurteilungen lassen sich meines Erachtens kaum objektivieren. Sie müssen, um ehrliches Feedback sein zu können, im Kern immer vertraulich und persönlich bleiben und haben in keiner Personalakte etwas verloren. Transparenz führt in der Regel zu positiver Verzerrung, zu »vergoldeten« Beurteilungen. Immer wieder beschweren sich *Businesspartner*, dass Mitarbeiter, die gekündigt werden müssen, in der letzten Periode noch gute, wenn nicht sogar ausgezeichnete Leistungsbeurteilungen erhalten haben. Das ist menschlich und verständlich, wenn man bedenkt, dass die Beurteilung nicht vertraulich ist. Auch wer seinen Mitarbeiter nicht demotivieren will, wird gut beraten sein, beim Jahresgespräch mit einem positiven Ausblick zu enden. In vielen Fällen kommt es deshalb zu schematischen Beurteilungen wie bei einem Dienstzeugnis. Sie sind wertlos für Mitarbeiter und Unternehmen und ein weiterer Zeitdiebstahl im Unternehmen.*

Die Personalabteilungen sollten damit aufhören, die Anzahl sinnloser Leistungsbeurteilungsbögen zu messen, und stattdessen einfordern, was sich die Mehrzahl der Mitarbeiter wünscht: kontinuierliches Feedback in Echtzeit und qua-

---

* Im Internet finden sich sogar Anleitungen für schematische Leistungsbeurteilungen. Unter *www.cultureamp.com/blog/performance-review-phrases/* findet man sechzig *effective performance review phrases*.

litativ hochwertige Gespräche. Deloitte, The Gap und Adobe haben ihre *Evaluation Forms* bereits abgeschafft und »Humankapital« von diversen weiteren unnötigen Formalitäten befreit. Bei Red Bull wurden entsprechende lokale Initiativen immer durch ein globales *Feedback-und-Performance-Coaching-*System ersetzt.

In den ersten fünfzehn Jahren benötigte Red Bull keine Personalabteilung. Mit dem Wachstum und der Internationalisierung, auch in den angloamerikanischen Ländern, wurde es ab 2004 notwendig, die Personalarbeit von Fuschl am See aus zu organisieren. Diese Personalarbeit orientiert sich wesentlich an den Überzeugungen des Gründers Dietrich Mateschitz und an den Lehren Viktor Frankls. Von Beginn an mussten alle Personalmaßnahmen bei Red Bull den Frankl-Test bestehen: Gewähren sie vernünftigen Handlungsspielraum, fördern sie Selbstverantwortung und Selbsttranszendenz, sind sie talent-, stärken- und sinnorientiert und bestärken sie das Vertrauen in sich selbst und ineinander? Frankl und Mateschitz ermutigen uns, dass wir in Freiheit und Selbstbestimmung handeln, dass wir uns – wenn notwendig, bedingungslos – einer Aufgabe hingeben und dass wir – auch unter widrigen Bedingungen – zuversichtlich und optimistisch bleiben. Entspricht eine Maßnahme diesen Prinzipien nicht, wird sie nicht umgesetzt. Und weil viele der üblichen Personalinstrumente überwiegend der Kontrolle und zentralen Steuerung dienen, überrascht es nicht, dass sie bei Red Bull den Frankl-Test nicht bestehen.

GEDANKEN ÜBER DIE ZUKUNFT DER ARBEIT – EIN SCHLUSSWORT

» Menschliches Verhalten wird nicht von Bedingungen diktiert, die der Mensch antrifft, sondern von Entscheidungen, die er selber trifft. «

VIKTOR FRANKL

Welt im Umbruch

Die Geschichte der Arbeitswelt ist über weite Strecken eine der Dominanz weniger Spieler über viele Schachfiguren. Mit der Industrialisierung gingen die Zunftberufe unter, bei denen das Werk noch eng mit dem Meister verbunden war. Fortan regierte der Taylorismus, der heute vielen als Inbegriff der Entmenschlichung von Arbeit gilt. Arbeitsschritte wurden minutiös definiert und aufgegliedert, mit dem Ziel möglichst effizienter Arbeitserledigung. Kontrolle der Abläufe und Zeiterfassung stellten sicher, dass das System einwandfrei funktionierte. Das Ergebnis ist Routinearbeit, fremdbestimmt und uninteressant, der Mensch »nichts als« ein Produktionsfaktor und somit der Inbegriff des von Viktor Frankl oft kritisierten Reduktionismus. Die Arbeit wird erledigt, weil sie bezahlt wird, meist mehr schlecht als gerecht. Kreativität, Entfaltung und Entwicklungsmöglichkeiten stehen in diesem Umfeld nicht im Vordergrund. Heute leben wir in einer Informationsgesellschaft, in der Humanisierung und Demokratisierung der Arbeitswelt weit vorangeschritten sind. Trotz dieser Entwicklungen ist erstaunlich, wie unsere Arbeitswelt in vielen Bereichen nach wie vor in den anachronistischen Denkmustern der Industriegesellschaft verhaftet ist und dadurch Selbstbestimmung und Sinnfindung verhindert werden.

In den kommenden Jahrzehnten werden Unternehmen wie noch nie zuvor in der Geschichte gefordert sein. Die Digitalisierung wird viele Berufe obsolet machen, manche Schätzungen gehen davon aus, dass die Hälfte der Jobs wegfallen könnte. Viele neue Berufe werden entstehen. Wie schnell das passiert und wie radikal *Big Data*, das *Internet of Things* und künstliche Intelligenz (KI) unsere Arbeitswelt verändern werden, ist im Detail umstritten. Einigkeit besteht darin, dass niedrig qualifizierte Jobs eine hohe Automatisierungswahrscheinlichkeit haben und daher dort besonders hohe Beschäftigungseinbußen drohen. Die neuen Berufe, vor allem in den kaufmännischen Bereichen der strategischen Planung und im E-Learning sowie in der IT, Finanz und im HR, verlangen nach höheren Qualifikationen. Das wird eine Herausforderung für die ganze Gesellschaft, für Arbeitnehmer, Unternehmen wie auch für das Bildungs- und Sozialsystem.

Ein Beispiel aus der Red-Bull-Welt: Roland Concin ist promovierter Naturwissenschaftler und *Operations*-Faktotum im Unternehmen. Er hat damit begonnen, die Abfüllanlagen bei Rauch mit Sensoren auszustatten, um Qualitätsabweichungen bei der Produktion frühzeitig zu erkennen und rasch eingreifen zu können. Concin ist kein Experte für KI, aber er setzte sie praktisch um und ermöglicht Red Bull, die Vernichtung von Dosen und damit den Rohstoffverbrauch möglichst gering zu halten.

Der Ökonom Erik Brynjolfsson, früherer Direktor des Instituts für Digitale Ökonomie am Massachusetts Institute of Technology (MIT) und Autor des Buches *The Second Machine Age*, spricht in diesem Zusammenhang vom *Winner-Takes-it-All*-Phänomen. Kreative Mitarbeiter, die die Chancen der nahezu bei allen Prozessen anfallenden großen Datensätze durch KI zu nutzen wissen, werden den entscheidenden Unterschied machen. Firmen, die dieses Potenzial nicht nutzen, werden hingegen das Schicksal der Dinosaurier teilen.

Wer den Umbruch als Gesellschaft am besten meistert, wird wirtschaftlich mittel- und langfristig die Führungsrolle in der Weltwirtschaft übernehmen. China setzt mit seinem *Corporate Social Credit System* auf totale Datenüberwachung und Kontrolle. Im Land der Einheitspartei und der kollektiven Überwachung wird das Bonus-Malus-System, das es für den einzelnen Bürger bereits gibt, nunmehr auch auf Unternehmen übertragen. Daten aus allen Unternehmensbereichen – man spricht von dreißig Bereichen und 300 Faktoren – sind an die Behörde abzuliefern und werden von dieser ausgewertet. Wer zu wenig Punkte hat, wird hoch besteuert oder bekommt keine Genehmigungen oder Aufträge mehr. Transparente, rechtsstaatliche und faire Anwendung ist wie immer, wenn es um China geht, gesichert. Amerika setzt auf GAFA, seine *Gang of Four* der Technologiegiganten Google, Amazon, Facebook und Apple. *Big Tech* soll den Technologievorsprung für die USA über die Ziellinie der anstehenden Transformation retten. Anschließend, wenn der Wettkampf entschieden ist, Diesel- und Elektroautos einer fernen Vergangenheit angehören und das autonome Auto mit Brennstoffzelle *Made in USA* dominiert, wird man die Konzerne zerschlagen, wie man das auch schon mit Rockefeller und Standard Oil wenig mehr als hundert Jahre zuvor gemacht hat. Amerikas robuste und mit Befehlsgewalt, Chuzpe und Machtbewusstsein ausgestattete Institutionen werden überleben.

Und Europa? Das muss sich erst einmal einig werden. Er wisse nicht, wen er anrufen solle, wenn er Europa sprechen wolle, hat schon Henry Kissinger gesagt. Während China die neue Seidenstraße baut und die USA die Technologisierung vorantreibt, streiten die Europäer vorwiegend untereinander. Brüssel normiert derweilen die Farbe der Wegweiser für Wanderwege (nach DIN 33466 gelb, allerdings nach Schweizer Vorbild) und die maximale Krümmung der Gurken (bis 2009 durfte sich die Salatgurke der Klasse Extra auf zehn Zentimeter Länge um maximal einen Zentimeter krümmen). Der Datenschutz wird ganze Industriezweige lahmlegen, ohne dass es ein Abwägen zwischen berechtigten Verbraucher- und Unternehmensinteressen und dem bereits jetzt überbordenden Querulanten-Unwesen gibt. Die Briten, ohnehin immer nur dem Freihandel und Machtausgleich am Kontinent verpflichtet, wurden von Bürokratie und *Gold Plating* in den Mitgliedsstaaten derartig abgestoßen, dass sie das gemeinsame Schiff bereits verlassen haben und es vorziehen – freilich auch verführt und belogen – im Brexit-Chaos zu versinken. Europa wird nur dann nicht sinken, wenn gelingt, was schon die K.-u.-k.-Monarchie mit ihrem Vielvölkerstaat geschafft hat: eine gemeinsame Außen-, Finanz- und Verteidigungspolitik, am besten in einem Europa der weitreichenden regionalen Autonomie.

Egal wer in diesem Jahrhundert letztlich die Führungsrolle übernehmen wird, mittel- und langfristig steuern wir auf die *eine* Welt zu. Die Digitalisierung wirkt hier wie ein Brandbeschleuniger oder Katalysator, je nach Sichtweise.

Yuval Noah Harari hat in seinen Büchern die fortschreitende Globalisierung beschrieben. Der Blick zurück zeigt eindrucksvoll, wie systematisch Aggression zurückgedrängt wurde. Kultur führt immer zur Elimination von Aggression. Wir sprechen hier von individueller Aggression, nicht von Krieg, der ja bekanntlich die Fortsetzung der Politik ist. Kultur führt durch die Mobilisierung von Massen zu Krieg und Warenhandel und damit zu einem Austausch von Genen über Volksgruppen hinweg. Und so wie es derzeit nach Millionen von Jahren der Auslese und Vermischung nur mehr den Homo sapiens gibt, wird es in einer nicht allzu fernen Zukunft nur mehr eine Rasse, einen Typus, eine Kultur und eine Gesellschaft geben. Echtzeitdaten lassen unsere Welt verschmelzen. So wie Stefan Zweig sich ein geeintes Europa in Frieden ersehnte, wünscht sich der Humanist eine Transformation in eine friedliche Welt der Zukunft. Mögen wir mehr Glück haben als die Generationen vor uns, und möge es unseren Kindern erspart bleiben, sich wieder die Schädel einzuschlagen, diesmal dann wohl – menschlicher Genialität und dem Fortschritt geschuldet – mit der atomaren Keule.

Homo oeconomicus und Reasonable Average Man vs. Wissensarbeiter

Der Mensch sehnt sich nach Perfektion. In den Wirtschaftswissenschaften ist es der *Homo oeconomicus*, in den Rechtswissenschaften der Durchschnittsverbraucher, der dieses Wunschbild verkörpert. Die Chicagoer Denkschule um Milton Friedman beherrscht die Wirtschaftswissenschaften seit der zweiten Hälfte des 20. Jahrhunderts wie keine andere.

Unter ihren Vertretern werden wie in der katholischen Kirche im Mittelalter Spitzenpositionen in Politik, Wirtschaft und Medien vergeben. Die University of Chicago stellt mehr als doppelt so viele Nobelpreisträger wie Harvard und Princeton zusammen. Ihr Katechismus ist die reine Marktwirtschaft, in der es dem Finanzkapital unreguliert freisteht, ob es der Realwirtschaft oder nur mehr sich selbst dient. Ihr »verdanken« wir die neoklassische Preistheorie und das Dogma, dass die freien Märkte das effizienteste Mittel zur Ressourcenallokation und Einkommensverteilung sind. Die Auswüchse dieser Freiheit sind die Verstaatlichung von Schulden aus der letzten Bankenrettung und das dadurch bedingte Ansteigen der Staatsschulden sowie Zombiefirmen, die nur unter Bedingungen der Nullzinspolitik überleben. Unter der Meinungsführerschaft des Neoliberalismus bewegt sich der Handlungsspielraum der Politik heute gegen null.

Im neoklassischen Modell entscheidet der Mensch rein rational nach einem mechanistischen Kosten-Nutzen-Modell. Diesem Modell liegt »die unsichtbare Hand« zugrunde, die angeblich zu absoluter Markttransparenz führt. Dieses Theorem des rationalen Agenten, der als *Homo oeconomicus* ausschließlich nutzenmaximierend und seit Jahrzehnten weitgehend unreflektiert durch Spieltheorie und Wirtschaftswissenschaften geistert, hat nur einen kleinen Fehler: Er entspricht nicht der Wirklichkeit. Die mathematischen Gleichgewichtsmodelle der Chicagoer Schule blenden die Lernfähigkeit und Entscheidungsfreiheit des Menschen, sein »Grenzhandeln« immer dort, wo es Veränderung gibt, ja überhaupt das Handeln realer Menschen aus. Sie sehen dabei den freien Willen individueller Personen nicht und stehen damit im Gegensatz zur österreichischen Schule um Menger und

Ludwig von Mises, die den Menschen nicht auf ein nur durch materielle Faktoren beeinflusstes Objekt reduziert.

Was den Wirtschaftswissenschaften der *Homo oeconomicus,* ist den Rechtswissenschaften der Durchschnittsverbraucher *(Reasonable Average Man).* Auch er ist ein konstruiertes Wesen, in der Theorie perfekt (durchschnittlich informiert, aufmerksam und verständig), in der Praxis »Murks«. Und auch er ist verurteilt, an der Realität zu scheitern. Wo immer wir dem von Richtern allseits geschätzten und viel strapazierten Durchschnittsverbraucher begegnen, dürfen wir keine Gnade erwarten.

Wir sehnen uns aber nicht nur nach Perfektion bei uns selbst, sondern wünschen uns wenn schon nicht eine perfekte Welt, so wenigstens die perfekte Organisation. Wie alles von Menschenhand Geschaffene sind aber auch Organisationen nicht perfekt, und wir müssen uns entscheiden: Wollen wir ein wirksames oder ein perfektes Unternehmen? Nach Perfektion strebende Organisationen neigen zum *Overengineering,* zu ständiger Re- und Umorganisation, Prozessoptimierung und Marginalisierung des Faktors Mensch. Zu unsicher erweist sich der Potenzialfaktor menschliche Arbeit im Reigen der sonst so berechenbaren anderen Produktionsfaktoren. Wo immer die Anforderungen maximal optimiert hochgeschraubt werden, sind Umwelt und Unternehmen unmenschlich, und es stellt sich ein Gefühl der Ohnmacht und des Kontrollverlustes ein; Zeitpläne und Termine können nicht mehr eingehalten werden. Und das wiederum führt dazu, dass Personal als »nichts als« ein Kostenfaktor gesehen und bestmöglich verwaltet wird.

Im Streben nach unmenschlicher Perfektion geht das spezifisch Humane und der Wert der Humanressource Mensch verloren: der Mensch als Wissensarbeiter. Alles, was den Menschen und seine Einzigartigkeit reduziert, muss ihn frustrieren. Nur wenn wir akzeptieren, dass Menschen Systemen und Technologien unbedingt überlegen sind, werden wir der Humanressource Mensch gerecht. Nur Menschen haben außergewöhnliche Ideen, überraschende Einsichten, mannigfaltige Erfahrungen und sind durch ihr gesammeltes Wissen fähig, zu urteilen und nicht nur zu messen. Der Mensch als Wissensarbeiter erfindet neue Produkte und Dienstleistungen. Nur er kann seiner Zeit vorauseilen, zukünftige Entwicklungen und Technologien vorwegnehmen und damit Fortschritt produzieren. Nur das Zusammenspiel vieler Wissensarbeiter lässt Unternehmen Spitzenleistungen erbringen. Der Mensch mit seinem visionären Denken ist das Fundament, auf dem Organisationen Neues ersinnen. Im Zentrum einer jeden Organisation muss daher der Mensch stehen. Unternehmen sind für die Menschen da und nicht umgekehrt, sie sind der Katalysator für Innovation, die nur vom Menschen erbracht werden kann. Vergessen wir nicht, dass alle Systeme, Prozesse und Statistiken immer nur der quantitativen Messung dienen und niemals zum Erfindergeist beitragen, der notwendig ist, um kreative Arbeit zu leisten, die uns und anderen zugutekommt.

Erfolgsfaktor Mensch

Ein Unternehmertum, bei dem der Mensch und sein Erfolg im Mittelpunkt stehen, ist dem Denken ausschließlich in *Shareholder-Value* unbedingt vorzuziehen. Für Dietrich Mateschitz war, wie wir wissen, Gewinnmaximierung kein Antrieb. Für ihn gab es in Ausnahmefällen sogar ein Recht auf irrationale Entscheidung, insbesondere wenn es um eine

Frage der Ehre ging. Eine solche für die Unternehmenskultur gesunde Gewissens- und Entscheidungsfreiheit ist nur möglich, wenn man nicht anonymen Aktionären verpflichtet ist. Solche Entscheidungen ermöglichen erst eine anständige Unternehmenskultur.

Es ist schon viel über den Unfug und die Auswüchse des *Shareholder-Value*-Ansatzes geschrieben worden. Er ist einer der Außenbezirke einer Ökonomie, bei der die Finanzwirtschaft ein Eigenleben führt und nicht mehr der Realwirtschaft dient. Die für das Finanzkapital an den Börsen so wichtigen Quartalsberichte mit ihren Gewinnkennzahlen bestimmen das unternehmerische Handeln. Von Eigentümern geführten Unternehmen fällt es leichter, in Marktanteile, Innovation und Wissensarbeiter zu investieren und die Profitabilität, wenn notwendig, anders zu priorisieren. Investitionen in Lateinamerika sind ein gutes Beispiel dafür. Die Währungsschwankungen, Steuern und politischen Entwicklungen machen die Businessplanung schwer. Um die Jahrtausendwende schätzte McKinsey den brasilianischen Markt für Energy Drinks langfristig auf höchstens hundert Millionen Dosen ein. Heute ist der Markt um ein Vielfaches größer, das Wachstum ungebrochen. Trotzdem sind die makroökonomischen Rahmenbedingungen nicht einfach, und Gewinnvoraussagen werden regelmäßig durch neue Steuergesetze und Währungsschwankungen zunichtegemacht. Der Euro ist manchmal zwei, dann wieder vier Real wert. Statt bei »Land unter« mit Sparprogrammen und *Cost Cuttings* über alle Bereiche zu reagieren, kann es sich Red Bull leisten, antizyklisch zu investieren. In stürmischen Zeiten sind wir auch schon mal mit einer schwarzen Null zufrieden und stärken damit unsere Marktanteile, in guten Zeiten fallen die Gewinne dann umso besser aus. Während traditionelle

Unternehmen gezwungen sind, ihren *Cashflow* und Profit nach den Erwartungen der Pensionskassen und Fondsmanager bei Blackrock zu managen, steht es Red Bull frei, das für das Unternehmen und sein langfristiges Wachstum Richtige zu tun: in seine Leute und Ideen zu investieren.

»Alle Organisationen sagen routinemäßig: Menschen sind unser größtes Kapital. Doch nur wenige tun, was sie predigen, geschweige denn glauben wirklich daran«, sagte Peter Drucker. Als Humanist war er zuerst am Menschen und dann erst am Unternehmen interessiert. Der entscheidende Erfolgsfaktor im Unternehmen blieb für ihn auch in unserer Dienstleistungsgesellschaft mit ihrer Technologisierung, Automatisierung und *Big Data* der Mensch, dessen einzigartige Fähigkeiten nicht ersetzt werden können. Spitzenleistungen hängen mehr denn je von den neuen Wissensmitarbeitern in den Unternehmen ab. Wissensarbeiter, die wir nach bestem Wissen und Gewissen aufgrund ihrer Leistungsbereitschaft und -fähigkeit aussuchen und die wir vertrauensvoll zu Freiheit und Eigenverantwortung ermutigen, damit sie die richtigen Aufgaben finden und einen sinnvollen Beitrag zu den Zielen des Unternehmens leisten – idealerweise in Selbstvergessenheit und mit Gelassenheit.

In welchem Wirtschaftsraum auch immer, die fortschreitende Globalisierung wird die Unternehmen zwingen, auf die Erwartungen und Wünsche der neuen Wissensarbeiter einzugehen. Diese neue Generation wird noch mehr als heute das Rückgrat der von der Digitalisierung transformierten Wirtschaft im zweiten Maschinenzeitalter sein. Unternehmen, die Mitarbeiter als Kostenfaktor und nicht als Kreativpotenzial sehen, werden nur alt aussehen, aber nicht alt werden. Diese Mitarbeiter wollen mehr als Geld verdienen. Sie legen Wert auf ein berufliches Umfeld, in dem Talent auf Talent trifft, um mehr Wissen zu schaffen, und in dem die Karriere von der Bewältigung von Aufgaben und nicht von Politik abhängig ist. Der Wissensarbeiter von morgen sehnt sich nach beruflichen Herausforderungen in einer digitalen Welt, nicht nach Kollektivlohn und Arbeitszeitbegrenzung. Das Arbeiten wird global sein, das Leben regional und zu Bevormundung und Klientelpolitik neigende Nationalstaaten werden sich auflösen.

Mit Gelassenheit zu neuen Ideen

Der Neurobiologe Gerald Hüther, Leiter der Abteilung für neurologische Grundlagenforschung an der psychiatrischen Klinik der Universität Göttingen, weist darauf hin, dass »innerliche Gelassenheit und das Loslassen […] kreative Prozesse in unserem Gehirn in Gang setzen [können]. Um auf eine wirklich neue Idee zu kommen, um kreativ zu sein, darf man sich nicht auf eines fokussieren, da muss man in einen Zustand, in dem man sehr viele Netzwerke im Hirn gleichzeitig aktiviert hat, und nur dann, wenn man sehr viele Bereiche im Hirn gleichzeitig aktiviert, kann dann auch dieses Wunder geschehen, was bisweilen passiert, das man Dinge miteinander verknüpfen kann, die man normalerweise in der Alltagshektik gar nicht miteinander in Verbindung bringt, und dann entstehen sozusagen neue Ideen, neue Gedanken.«*

Auch Kinder brauchen vor allem Gelassenheit und Muße, um auf neue Ideen zu kommen und Dinge zu erfinden.

---

* Für dieses und das folgende Zitat vgl. Gerald Hüther: *Was wir sind und was wir sein könnten. Ein neurobiologischer Mutmacher.* Frankfurt am Main 2013.

Stattdessen sind sie aber vielfach einer ständigen Reizüberflutung und der Hektik der Erwachsenenwelt ausgesetzt. »Möglicherweise haben wir in diesem gegenwärtigen hektischen Zeitalter dann unsere eigenen Vorstellungen schon zu sehr auf unsere Kinder übertragen und glauben, dass wenn wir so hektisch umherrasen, dass die das auch früh genug lernen müssen«, schreibt Gerald Hüther. »Das kann man machen, aber das führt dann leider dazu, dass die Kinder selbst diese wunderbaren vielfältigen Potenziale, die in ihnen angelegt sind, nur schwer entfalten können [...] In einer Zeit und in einer Gesellschaft, wo alle umherrennen wie die Verrückten, kann man sagen, die funktionieren alle ganz gut und die erfüllen vielleicht auch ihre Aufgaben alle ganz gut, aber die werden auch kaum dieses kreative Potenzial entwickeln, was man bräuchte, um sich tatsächlich auch weiterzuentwickeln, um auf neue Ideen zu kommen und so geht uns dann in dieser hektischen Gesellschaft allmählich der Innovationsgeist verloren. Und das beklagen mittlerweile auch schon sehr viele Unternehmen, die in der Vergangenheit versucht haben, immer mehr Druck zu machen und immer effektiver zu werden. Diese Fokussierung auf Effizienz geht zu Lasten des Innovationsgeistes im Unternehmen.«

Dietrich Mateschitz hat dieser Analyse vorbehaltlos zugestimmt. Abschalten und gelassen sein sind Voraussetzung für Kreativität und neue Ideen. Immer wieder fragte er mich, was denn alle unsere Mitarbeiter tagtäglich so Wichtiges vor ihren Computern zu tun haben. Wann sie denn dann die Zeit hätten, über neue Ideen nachzudenken?

Die Spitzenleistungen der Wissensarbeiter können nicht digital per Knopfdruck abgerufen werden, sondern entstehen in einem Raum, der geprägt ist von Sinn, Gelassenheit und der Freisetzung von *Humanpotenzial*. 1967, lange vor der Digitalisierung und am Beginn der Dienstleistungsgesellschaft, schrieb Peter Drucker in seinem Klassiker *The Effective Executive:* »Stärken produktiv zu machen ist der einzigartige Zweck einer Organisation. Es kann natürlich nicht die Schwächen überwinden, mit denen jeder von uns reichlich ausgestattet ist. Aber es kann sie irrelevant machen.« Sinn, Talent und Stärken stehen nicht erst seit Begründung der Positiven Psychologie im Mittelpunkt wirksamer Unternehmensführung. Was viele nicht wissen oder vielleicht auch gar nicht so genau wissen wollen, ist, dass sie sich mit diesen Grundsätzen im Nachstieg der zentralen Gedanken Viktor Frankls befinden.

Über die wahre Freiheit

Wir haben dieses Buch mit einem Kapitel zu Freiheit und Selbstverantwortung begonnen. Mit einer Zusammenfassung des Poems vom Großinquisitor aus Dostojewskis *Die Brüder Karamasow* und mit ein paar abschließenden Gedanken zur Freiheit soll es auch enden.

Im 16. Jahrhundert werden bei einem Autodafé in Sevilla »in einem Zug fast hundert Ketzer« zur großen Ehre Gottes auf dem Scheiterhaufen verbrannt. Jesus Christus erscheint »still und unauffällig« am nächsten Tag erstmals nach fünfzehn Jahrhunderten wieder auf der Welt, »und siehe da, es geschieht etwas Seltsames. Alle erkennen ihn.« Die Menschen folgen ihm. Er macht einen Blinden sehend und erweckt ein verstorbenes Mädchen zum Leben. Da lässt ihn ein hoher Geistlicher verhaften und einkerkern.

In der »dunklen, heißen, reglosen« Nacht besucht ein Geistlicher Jesus im Kerker. »Bist du es?« – »Ja!«, sagt er.

Er müsse die Kirche in Ruhe lassen. Nichts könne er seinem Werk hinzufügen, nur stören und weitere Verwirrung stiften. Schließlich habe er »alles an den Papst übertragen«.

Die Menschen verlangen nach Brot, Wunder und Unterwerfung. Sie wollen die Freiheit, für die er sich geopfert hat, nicht, sondern lieber in Sklaverei und Vormundschaft leben. Nichts fürchtet der Mensch mehr als die Freiheit, in die er geboren wird, nichts tut er lieber, als das »Geschenk der Freiheit« dem Nächstbesten zu übergeben. Deshalb würde die Kirche jetzt nach aller Macht streben und das Brot verteilen, das sie zuvor den Menschen weggenommen habe. Und heilige Wunder vollbringen im Geheimnis des Glaubens. Jesus hätte damals, als »der Geist der Selbstvernichtung und des Nichtseins« ihn in der Wüste besuchte, die Versuchung annehmen und die Macht übernehmen sollen, jetzt müsse die Kirche diesen Auftrag erfüllen. »Hättest du das Schwert und den Purpur des Cäsar angenommen, so hättest du eine Weltherrschaft begründet und der ganzen Welt Ruhe gebracht. Denn wem anders steht es zu, über die Menschen zu herrschen, als denen, die das Gewissen der Menschen in ihrer Gewalt haben und in deren Händen das Brot der Menschen ist? Wir unsererseits haben das Schwert des Cäsar ergriffen; dabei haben wir uns freilich von dir abgewandt und sind ihm gefolgt. Oh, noch Jahrhunderte lang wird der Unfug des freien Verstandes, der Wissenschaft und Menschenfresserei dauern!« Seit acht Jahrhunderten diene man bereits dem Teufel, und noch sei kein Ende in Sicht.

Jesus spricht kein Wort und küsst den 95-jährigen Geistlichen auf den Mund, worauf dieser ihn nicht wie angekündigt am nächsten Tag verbrennen lässt, sondern »auf die dunklen Straßen und Plätze der Stadt hinaus« schickt. Nicht ohne die Mahnung, nicht wiederzukommen.

Die drei Versuchungen – Steine in Brot zu verwandeln, sich vom Tempel hinabzustürzen und von Engeln des Herrn aufgefangen zu werden und über alle Reiche der Welt zu herrschen – sind die des Teufels in der Wüste aus Matthäus, 4,1–10. Es sind die großen Fragen der Menschheit, die alle Weisen der Welt nicht hätten klüger ersinnen können, entsprungen nicht »einem menschlichen vergänglichen Verstand, sondern einem [...] ewigen absoluten [...] Denn in diesen drei Fragen ist gleichsam die gesamte weitere Geschichte des Menschengeschlechts zusammengefasst und vorhergesagt.«

Nichts ist der Freiheit abträglicher als die Versuchung des Teufels: Maßlosigkeit, Aberglaube und Machtmissbrauch. Überall dort, wo der wache Geist vor dem Anfluten von Brot und Wein, Körper und Blut kapituliert, herrscht die profane Dekadenz des Exzesses, der Lust- und Machtspiele und des Machiavellismus. Gleiches gilt für die tief empfundenen Halbwahrheiten von Glaube und Aberglaube in vermeintlich mystisch-kryptischer Transsubstantiation. Was für ein Glück ist das, in der die Freiheit überwältigt ist und einer Macht zu Füßen gelegt und gesagt wird: »Knechtet uns lieber, aber macht uns satt.« Das Brot wurde um der Freiheit willen verschmäht. Der wahrhaft Gläubige bei Dostojewski legt seine Freiheit keiner Autorität zu Füßen. Er lässt sich nicht durch »Wunder, Geheimnis und Autorität« ruhigstellen und bevormunden.

»Das Geheimnis des menschlichen Seins besteht nämlich nicht darin, dass man lediglich lebt, sondern darin, wofür man lebt. Hat der Mensch keine feste Vorstellung von dem Zweck, für den er lebt, so mag er nicht weiterleben und vernichtet sich eher selbst, als dass er auf der Erde bleibt – mögen auch noch so viele Brote um ihn herum liegen.« Und ob er nicht vergessen habe, »dass Ruhe und sogar Tod dem Menschen lieber sind als freie Wahl in der Erkenntnis von Gut und Böse? Nichts ist für den Menschen verführerischer als die Freiheit seines Gewissens, aber nichts ist auch qualvoller.« Mit »freiem Herzen entscheiden, was gut und böse ist [...] statt den festen alten Gesetzen zu folgen«, kann man den Menschen eine »furchtbarere Last aufbürden, wie die Freiheit der Wahl?«, fragt der Großinquisitor.

Für die Kirche ist der Mensch »schwach und gemein«. Ihr Geheimnis ist, dass sie nicht mit ihm, sondern mit dem Teufel verbündet ist und »dass sich endlich alle gemeinsam und einmütig zu einem umfassenden, von niemand bestrittenen Ameisenhaufen vereinigen«. Da die Mehrheit der Menschheit mit der Freiheit nicht zurechtkommt und es für sie »kein großes moralisches Glück bedeutet, die Vollkommenheit des Willens zu erreichen«, müsse man sich »der Lüge und der Täuschung bedienen, die Menschen mit Bewusstsein zu Tode und Untergang führen und sie dabei auf dem ganzen Weg betrügen [...] damit sie nicht merken, wohin sie geführt werden, und damit sich diese armseligen Blinden wenigstens unterwegs für glücklich halten«.

Nichts könnte Dietrich Mateschitz' Streben und Vermächtnis besser charakterisieren als Dostojewskis Erzählung des Großinquisitors. Die Belehrungen umreißen auch die großen Fragen der Aufklärung und nehmen Frankls Gedankenwelt vorweg. Wo immer die individuelle Freiheit von den überwiegend institutionellen Versuchungen und Repressalien bedrängt wird, muss die Freiheit verteidigt werden, mit erhöhtem Denkvermögen, Vigilanz sowie Wachheit und Wachsamkeit. Nur im Riff des wachen Geistes, der sich dem Ungewissen stellt, der es vorzieht, eigenes Brot zu essen, der keine fremden Lieder singt, kommen wir – egal ob reich oder arm – ins Himmelreich der Hingabe.

Die lange Reihe von Philosophen der Aufklärung mahnt uns, unseren Verstand ohne fremde Anleitung zu benutzen. Mutig zu sein und unserem Gewissen zu folgen, wenn wir zwischen Gut und Böse unterscheiden. Für die Freiheit muss man an Kafkas Torhüter vorbei und so wie er den (Aber-)Glauben eines »auserwählten Volks« an Gott und an sich selbst infrage stellen; aus der Masse der »Gänse« ausbrechen, nicht betrogenes Herdentier noch betrügender Hirte sein, sondern Riese werden und den babylonischen Turm fertig bauen. Gelingt uns das, werden wir gleichsam krönend feststellen, dass wir trotz äußerer Abhängigkeiten am Ende zu innerer Freiheit gefunden haben.

Dostojewski und Frankl waren tiefgläubig, Mateschitz und Kafka Atheisten. Ein nur scheinbarer Widerspruch, ist doch der wahre Atheist nach Dostojewski ohnehin nur einen kleinen Schritt vom Gläubigen entfernt. Beide, den wahrhaft Gläubigen und den zweifelnden Atheisten, vereint der unbedingte Glaube an die Freiheit des Willens und den Willen zu Freiheit und Sinn.

DANK

Dieses Buch hätte ohne die leidenschaftliche Hilfe von einigen Menschen nicht erscheinen können. Dafür möchte ich mich herzlich bedanken.

Allen voran möchte ich Dietrich Mateschitz posthum danken, der, ohne es je beabsichtigt zu haben, mir ein väterlicher Ratgeber war und dieses Buch in jeder Hinsicht erst ermöglicht hat.

Und dann besonders bei Mark Mateschitz. Nicht nur für seine Lektüre und die ein oder andere Anekdote, die er nachgeliefert hat, sondern vor allem für den Zuspruch, *Flügel für Menschen und Ideen* nach dem Tod seines Vaters zu veröffentlichen.

Ganz herzlich bedanken möchte ich mich des Weiteren bei Stefan Salzer. Auch er hat sich die Zeit genommen, den Text zu lesen, insbesondere die Passagen zu HR-Themen, und gerade bei manchen Zahlenbeispielen war er noch etwas exakter als ich.

Claudia Hubbauer bin ich ebenfalls zu Dank verpflichtet, für ihre wertvolle Unterstützung in allen Belangen. Ihre klugen Tipps und Einschätzungen zu vielerlei Textstellen wusste ich überaus zu schätzen.

Danke an Peter White für seine wertvollen Kommentare zur englischen Fassung dieses Buches.

Großer Dank gebührt dann auch dem Team von Benevento Publishing, dem Verlagshaus des Red Bull Media House: Christoph Loidl für sein Projektmanagement, das im besten

Frankl'schen Sinne von heiterer Gelassenheit geprägt ist; Stefan Mayr für sein Textverständnis und die bemerkenswerte konzeptionelle Arbeit; sowie Caroline Metzger für ihr mehr als gründliches Lektorat.

WEITERFÜHRENDE LITERATUR VON VIKTOR FRANKL

Ärztliche Seelsorge, München, 7. Auflage 2017.

Bergerlebnis und Sinnerfahrung, mit Fotos von Christian Handl, Innsbruck 2013.

Das Leiden am sinnlosen Leben. Psychotherapie für heute, Freiburg 2015.

Der leidende Mensch. Anthropologische Grundlagen der Psychotherapie, Bern, 3. Auflage 2005.

Der Mensch vor der Frage nach dem Sinn. Eine Auswahl aus dem Gesamtwerk, München 2019.

Der unbewusste Gott. Psychotherapie und Religion, München, 14. Auflage 2017.

Der Wille zum Sinn. Ausgewählte Vorträge über Logotherapie, Bern, 7. Auflage 2016.

Die eine *Menschheit. Appelle für den Frieden*, mit einem Vorwort von Wolfgang Schüssel, Salzburg / München 2023.

Die Sinnfrage in der Psychotherapie, München, 6. Auflage 1996.

Logotherapie und Existenzanalyse, Weinheim / Basel, 3. Auflage 2010.

Theorie und Therapie der Neurosen. Einführung in Logotherapie und Existenzanalyse, München, 9. Auflage 2007.

Über den Sinn des Lebens, Mit einem Vorwort von Joachim Bauer, Weinheim / Basel, 3. Auflage 2020.

Was nicht in meinen Büchern steht. Lebenserinnerungen, Weinheim 2002.

Zeiten der Besinnung. Gleichnisse, mit einem Vorwort von Walter Kohl, zusammengestellt, ergänzt und kommentiert von Elisabeth Lukas, Salzburg / München 2023.

Zeiten der Entscheidung. Ermutigungen, mit einem Vorwort von Alexander Batthyány, zusammengestellt, aktualisiert und kommentiert sowie mit einem Nachwort von Elisabeth Lukas, Salzburg / München 2022.

Volker Viechtbauer war lange Jahre ein enger Weggefährte von Dietrich Mateschitz. Er kennt nicht nur dessen unternehmerischen Weg, sondern vor allem auch dessen große Leidenschaft für das Denken Viktor Frankls. Volker Viechtbauer selbst ist begeisterter Leser von Literatur und Sachthemen. Mit seiner Familie lebt er in der Nähe von Salzburg.